新会社法適用

定款変更と企業防衛対策の実務

鳥飼総合法律事務所
弁護士 鳥飼重和 編著

弁護士 権田修一
弁護士 松本賢人
弁護士 福﨑剛志
弁護士 青戸理成 著

清文社

はしがき

　新会社法は政策立法的色彩が強い。特に、公布された会社法関係法務省令を見ると、そう思わざるを得ない。会社法では経営の自由を拡大する面が目立つが、法務省令では会社に徹底した情報開示を要求し、会社の外部者からの規律を強化する意図が明白である。

　大企業関係では、最近の物を言う株主の存在を認識し、会社情報の開示を進めることにより、その活動を今まで以上に活発化することで日本企業の競争力を強化しようとしているように見える。中小企業関係では、起業を活発化させ、中小企業を活性化させることで、日本経済全体の活性化をはかろうとしているようである。全体的に見れば、会社に成長の方向性を示し、そのための基盤を整備したのが新会社法である。

　さらに、会社の不祥事が会社の存続と発展の阻害要因となり、ひいては、失われた10年の原因となった金融危機という日本経済全体のシステムの危機を招いた。そのような経験を踏まえ、内部統制等の規律によって、経営者に本気で不祥事防止に取り組む方向性を新会社法は示唆している。

　このように、新会社法は経営の自由を認めつつ、他方で規律を強化している。会社はこの新会社法の考え方をよく理解し、自主的な見地から会社の存続と発展をはからなければならない。その際に、新会社法が経営の自由を拡大するために定款自治を認めたので、会社は各社なりの現状と将来の展望を踏まえて、会社をどのように発展させるかに関して定款の見直しが必要になった。ある意味では会社の現在の姿、あるいは将来の姿という経営の姿勢が定款に表現されるのである。

　大企業であれば定款の変更をして、剰余金の配当等を取締役会権限とすれば、会社が自主的経営をしようとしていることが見て取れる。社外取締役・社外監査役に関して、責任限定契約を締結できるように定款変更すれば、社外取締役・社外監査役に人材を得ようと努力している姿が写し出される。

　中小企業の場合では会計参与を設置する定款変更をすれば、会社の外部者を

意識し、社会的に信頼される会社となろうとしていることが読み取れる。定款変更で、将来の相続問題を解決しようとしていると読める場合もある。

　本書は、会社の現状、将来の展望等、会社のさまざまな問題解決のために定款変更をする場合に、役立つ実務書として書かれたものである。そのため、定款変更自体に関係するものばかりでなく、特に企業防衛策関連に紙幅を割いたほか、定款変更がなされる株主総会の運営等にも必要な範囲で触れることにした。本書が、本当の意味で役に立つことがあれば幸いである。

　最後に、本書の出版に多大な協力をいただいた清文社の東海林良氏、中塚一樹氏に感謝を申し上げる。また、本書の校正等に関して献身的に協力をいただいた、当事務所のパラリーガルの鈴木淳代さん、弁護士秘書の橋本美代子さんに、共著者全員を代表して感謝を申し上げる。ご苦労様、そして、ありがとう。

　　平成18年3月吉日

　　　　　　　　　　　　　　　　　　　　　　　　弁護士　鳥飼　重和

新会社法適用
定款変更と企業防衛対策の実務
目次

はじめに

序論 企業防衛と新会社法

第1章 新しい資本市場時代 …………………… 3
- 第1節 ライブドアの衝撃　3
- 第2節 資本市場は戦場になる　4
- 第3節 現状は、資本市場時代の幕開けに過ぎない　5
- 第4節 日本企業における改革　6
- 第5節 敵対的買収に関する環境整備　7
- 第6節 企業の防衛策の考え方　8

第2章 新会社法の実務的理解 …………………… 11
- 第1節 新会社法のイメージ　11
- 第2節 企業価値とは何か　14
  - 1：未来から現在を眺める発想　14
  - 2：財務的発想　15
  - 3：キャッシュ・フロー重視　16
- 第3節 経営の自由の拡大と責任追及の厳しさ　20

第3章 新会社法の下での株主総会の捉え方 ... 26

第1節 物を言う株主の動きの活発化 ... 26

1：敵対的買収 ... 26

2：株主提案 ... 26

3：会社提案議案に対する反対投票 ... 26

4：個人株主の株主総会での発言 ... 26

5：株主代表訴訟の提訴 ... 27

6：ポイズン・ピルに対する仮処分申請等の訴訟活動 ... 27

7：会社に対する提訴により争うことへのプレッシャー ... 27

8：不実開示に対する証券訴訟 ... 27

9：行動的な株主 ... 27

第2節 株主総会運営の中心は役員選任議案 ... 28

第3節 株主総会と会社法の適用時期 ... 29

1：総会の権限・手続 ... 29

2：計算関係 ... 30

3：株主総会に関するその他の事項 ... 31

第4節 修正動議の明文化とその制限 ... 32

第5節 株主総会運営と定款変更議案 ... 33

1：株主総会運営の目的 ... 33

2：定款変更議案と総会運営 ... 43

第6節 中小会社における株主総会運営 ... 47

1：中小会社において、株主総会は耐震偽装問題と同じ構造 ... 47

2：中小会社の機関設計の自由とその選択による差異 ... 48

3：取締役会設置会社と取締役会非設置会社の株主総会関連における差異 ... 51

4：取締役会設置会社における株主総会に関するのポイント　53

第1部 新会社法の下での定款変更

第*I*章 定款自治 …… 57

第1節 定款自治の拡大　57

第2節 定款記載事項　58

1：絶対的記載事項の確認　58

2：相対的記載事項の拡大　59

3：任意的記載事項　60

第*2*章 新法施行により影響を受ける定款記載事項 …… 61

第1節 公開会社の場合の定款記載例　61

第2節 各条項の解説（公開会社）　68

1：商号　68

2：目的　70

3：本店の所在地　71

4：公告の方法　72

5：株式　75

6：機関　89

7：計算　117

第3節 非公開会社の定款記載例　120

1：株式　120

2：機関　129

目次

3：計算		*135*
第4節　委員会設置会社の定款記載例		*136*

第3章 定款変更手続 *139*

第1節　法的手続　　*139*

第2節　定款変更決議の要否　　*139*

第2部 企業防衛策

第1章 企業防衛策の類型 *143*

第1節　企業買収から企業を防衛するためには　　*143*

第2節　企業防衛策の類型　　*144*

1：広義の防衛策と狭義の防衛策　　*144*

2：広義の企業防衛策　　*145*

3：狭義の企業防衛策　　*145*

4：企業防衛策を考える際の注意点　　*146*

第3節　手続的防衛策　　*147*

1：視点　　*147*

2：設定する手続の内容　　*147*

3：開示方法　　*150*

4：具体例―事前警告型　　*150*

5：手続の適正を担保するための機関の設計　　*153*

第4節　手段的防衛策　　*155*

1：視点　　*156*

2：議決権比率の維持・変更　　*156*

3：コストの増大等による獲得利益の減少　　　*185*
　　　4：株主総会決議の厳格化　　　*192*
　　　5：経営権獲得の遅延化　　　*196*
　　　6：委任状の個別取得　　　*197*

第2章 定款自治と企業防衛　　　*198*

第1節 防衛策設計の視点　　　*198*
　　　1：防衛策の内容　　　*198*
　　　2：企業価値報告書　　　*199*
　　　3：買収防衛策に関する指針　　　*203*
　　　4：買収防衛策の導入に係る上場制度の整備等について　　　*208*
　　　5：アメリカにおける代表的な基準　　　*210*

第2節 定款による企業防衛策　　　*210*
　　　1：定款自治　　　*210*
　　　2：定款による防衛策設計　　　*211*
　　　3：定款により設計できる防衛策　　　*211*

第3部　企業防衛策としての定款変更

第1章 企業防衛策に有用な定款記載事項（総論）　　　*215*

第1節 鮫よけ（シャーク・リペラント）　　　*215*
第2節 定款変更による企業防衛策の効果　　　*215*
第3節 本稿の検討事項　　　*215*

第2章 企業防衛のための株式に関する定款変更例 ……… 217

第1節 発行可能株式総数の拡大　217

1：発行可能株式総数を拡大しておく必要性　217
2：発行可能株式総数の拡大の規模　218
3：発行可能株式総数の拡大が必要な時期　218
4：株主総会招集通知における定款変更の理由の記載方法　219
5：東京証券取引所の対応　221

第2節 新株予約権・種類株式等の利用　221

1：会社法の下の種類株式について　222
2：種類株式の定款記載事項　224
3：買収防衛策に関する指針と東証の規則　226
4：黄金株（拒否権付株式）を利用した買収防衛策　227

第3章 企業防衛のための機関に関する定款変更例 ……… 232

第1節 取締役の定員制限　232

1：取締役の定員を制限する必要性　232
2：実例―国際航業事件　233
3：株主総会招集通知における定款変更の理由の記載方法　233

第2節 取締役の資格制限　235

1：取締役の資格制限の許容性　235
2：実例―トヨタ自動車工業株式会社　236
3：取締役を日本国籍を有する者に制限することの影響　236

第3節 取締役の解任決議の要件の厳格化　237

1：会社法における取締役の解任決議の要件　237

2：取締役の解任決議の要件の厳格化の必要性　　237
　　3：株主総会招集通知における定款変更の理由の記載方法　　238

第4節 取締役の期差選任制－補欠選任条項の削除　240
　　1：企業防衛策としての取締役の期差選任制　　240
　　2：会社法の下での取締役の期差選任制　　241
　　3：補欠選任条項の削除の必要性　　241
　　4：株主総会招集通知における定款変更の理由の記載方法　　242
　　5：企業価値研究会の見解及び東京証券取引所の対応　　243

第5節 取締役の責任軽減（社外取締役の導入）　243
　　1：取締役の責任軽減の必要性　　244
　　2：取締役の責任軽減のための定款変更　　245
　　3：社外取締役の導入―責任限定契約　　246
　　4：定款に基づく取締役の責任軽減のための手続　　247

第6節 退職慰労金条項　247
　　1：退職慰労金条項を定款で定める必要性　　248
　　2：退職慰労金の額　　248
　　3：退職慰労金条項の位置付け　　249

第7節 委員会設置会社への移行　249
　　1：委員会を設置する旨の定款の定め　　250
　　2：買収防衛策との関係　　250

第4章 企業防衛のための組織再編に関する定款変更例　251

第1節 組織再編行為（合併、事業譲渡等）の決議要件の厳格化　251
　　1：買収防衛策としての組織再編行為の決議要件の厳格化　　252
　　2：定款変更の決議要件の厳格化の必要性　　253

3：決議要件の厳格化の弊害と対応策　　　　　　　　253
　第2節 **簡易組織再編の要件の厳格化**　　　　　　　254
　　　1：会社法における簡易組織再編の要件　　　　　　254
　　　2：買収防衛策としての簡易組織再編の要件の厳格化　255

第5章 企業防衛のための その他の定款変更例 …………… 257

　第1節 **敵対的買収防衛策の導入**　　　　　　　　　257
　　　1：経済産業省・法務省による「買収防衛策に関する指針」　257
　　　2：「買収防衛策に関する指針」の尊重　　　　　258
　　　3：敵対的買収防衛策導入時の原則を定める定款変更　258
　第2節 **剰余金配当**　　　　　　　　　　　　　　　262
　　　1：会社法の下での剰余金配当制度　　　　　　　262
　　　2：買収防衛策としての剰余金配当制度の利用　　263
　　　3：会社法第459条第1項の要件を満たさない会社の場合　264

索引

【凡例】

本書中、文中にて参照するカッコ内の法令等については、以下のとおり略記してあります。

　・会社法……………………………………会
　・会社法施行規則………………………会規
　・証券取引法……………………………証
　・旧商法…………………………………旧商
　・会社法の施行に伴う関係法律の
　　整備に関する法律……………………整
　※参照条文の表示例
　　会社法第348条第3項第三号……………会348③三

序論
企業防衛と新会社法

第1章

新しい資本市場時代

第1節　ライブドアの衝撃

　平成17年2月8日にライブドアがニッポン放送に対して開始した敵対的買収を契機に、その後の日本の空気は一辺に変わってしまった。その結果、資本市場は予想外に強烈なカウンターパンチを持っていること、また、これからは資本市場に対する意識をある程度変えなければならないことを、上場企業の経営者に植えつけた。

　折りも折、平成18年1月17日に、ライブドアが証券取引法違反の容疑で捜索を受けたというニュースが全国を駆け巡った。ちょうど阪神大震災の11年目の記念日であり、まさに、社会に衝撃を与える大激震となった。その後、ホリエモンの愛称で全国的な人気者であった堀江貴文社長を含むライブドア首脳陣は逮捕され、その後、連日のようにライブドアの行ったという法律違反の数々の容疑内容が報道されている。この新たなライブドアショックから、経営者、特に上場会社の経営者は、会社経営にコンプライアンスがいかに重要かということを実感したと思われる。

　株式時価総額経営を志向してきたライブドア本体の株式時価総額は、捜索が開始される前は7,000億円を超えていたが、2月1日には、1,000億円を下回った。わずか数か月のことである。その意味で、不祥事がライブドアのビジネスモデルの基盤である株式時価総額に決定的ダメージを与え、グループ企業全体の存続の危機を引き起こしたといえる。

第2節　資本市場は戦場になる

　ここ数年の資本市場においては、その資金調達機能・信用創造機能ばかりでなく、事業拡大機能にも注目が集まるようになってきた。その典型がソフトバンクである。1981年に福岡で創業した会社が、わずかの期間で、資本市場を梃子に巨大な企業へと成長し、日本を世界一のブロードバンド国家にした。ソフトバンクの平成17年度の連結売上高は8,370億円、株価時価総額は4兆5,240億円（平成18年1月12日）である。当初ソフトバンクは虚業的色彩が強いと批判されていたが、そのような批判を乗り越えて成長していき、事実によって実業の世界にいると認められ、確固たる地位を築いた。

　戦前の実業家の中には、相場師といわれた人達から本当の意味での実業家になった人物がいた。中でも特に有名なのが、東武鉄道グループを作った根津嘉一郎氏である。現在でも、現代の相場師であるファンドマネージャーを自称する村上彰宏氏がいまや2,000億円超のファンド資金を運用しているようであるが、阪神電鉄の株式の40％超を保有するまでの大きな存在となっていることからしても、実業家に変わることも不可能ではなくなっている。また、ライブドアに引き続き、楽天がTBSとの統合提案による資本市場の事業拡大機能を利用しようとする動きがあった。このように、資本市場に事業拡大機能があることが、次第に経営者に意識され、他社の事業も自社の事業とすることで、シナジーを出そうとする経営者も今後登場することが想定される。

　その際、資本市場では株式時価総額を背景にM&Aを行うため、企業規模は小さいが株式時価総額の大きな企業が、企業規模は大きいが株式時価総額の小さい企業を、敵対的であっても傘下に買収する動きが多くなる可能性が高い。当然、規模の大きな会社は、それに対抗することも多くなり、いよいよ資本市場は戦場化し、下剋上が起こる可能性が出てきた。例えば、楽天とTBSとの関係を取り上げると次のようになる。

　楽天の直近の連結売上高は456億円であり、株式時価総額は1兆3,138億円である（平成18年1月12日）。TBSは、連結売上高が3,017億円で楽天よりも大きいが、株式時価総額は5,855億円（平成18年1月12日）で、楽天よりも小さい。

そうすると、売上規模で物事を考えるとTBSが楽天よりも圧倒的に大きいが、株式時価総額で考えると楽天が優位に立つ。資本市場における新しい経済合理性を認めるとすれば、楽天がTBSを統合しようとするのは当たり前ではないか、というように理解できることになる。したがって、資本市場で仕事をしているようなファンドマネージャーやアナリストからいえば、TBSを楽天が経営統合しようとすること自体はおかしなことではないということになる。ただ、その統合がシナジーを生むのかどうかという別の視点から、その統合提案が適正かは別に評価されることになる。

第3節　現状は、資本市場時代の幕開けに過ぎない

　現状でも資本市場をうまく利用すれば、ソフトバンクのような成功例が出てくる。しかし、株式によるTOBが事実上可能になれば、資本市場を活用した事業拡大のスピードは現状の比ではないことになる。現在の証券取引法でも、株式によってTOBをすることはできるが、株式によるTOBを税制が邪魔していて税金の繰延べが認められないために、事実上はできない状態になっている。まさに鎖国状態といってよい。

　アメリカやヨーロッパは、国境を越えて株式でTOBをすることに税制的な支援をしており、税金の繰延べも認められている。これがグローバルルールであるから、そう遠くない将来、日本でも株式によるTOBに税制支援が行われる可能性があると想定する必要がある。つまり"資本市場の開国"である。そのときには、資本市場の事業拡大機能は強烈なものとなる可能性が高いと考えられる。戦前であるが、日産財閥を作った鮎川義介氏の例が参考になる。

　同氏は上場企業である日本産業という純粋持株会社の株式を使って、他企業の株式と交換しこれを傘下に入れ、そこを育てあげ上場させていく手法を利用して、1930年代に10年かからずに今の日産グループと日立グループを合わせた規模の日産財閥をつくった。株式によるTOBに税制支援があれば、敵対的TOBをも加味した形で日産財閥のような巨大な企業群を作ることが可能となる。そうであれば、現在はもちろん将来においては特に、投資家である株主は、

経営者に資本市場を活用したシナジーのある M&A 戦略の採用を期待することが考えられる。その観点によると株主は、的確な M&A 戦略を採用しない経営者に対する批判を展開する可能性も考えられる。同時に、資本市場の事業拡大機能を最大限に利用しようとしたライブドアの失敗の教訓は、戦前の日産財閥に匹敵する企業グループを作れる時代にこそ、コンプライアンスを確立する必要性が高いことを示している。

第4節　日本企業における改革

　シナジーのない、あるいは、成果が上がらない事業や子会社から撤退することを日本企業も実行するようになった。最近はフィルムカメラから事実上撤退したニコン、カメラフィルムとカメラ事業から撤退したコニカミノルタの例が挙げられる。時代は昔からの伝統的な事業であることに固執しないという考え方に様変わりしつつある。まさに、「選択と集中」の実行である。「選択と集中」の老舗である GE の場合は、イメルト CEO になってから50案件を譲渡し、50案件を買収し、事業を売るということが日常的に行われている。この戦略によって、売上規模が大きいにも関わらず、非常に将来性のある中小企業のような成長率を持っている企業だと評価されて、売上規模の何倍という株式時価総額となっている。 GE の売上高と株式時価総額は以下の通りである(平成17年末)。

　　売上高　　　　　17兆4,000億円
　　株式時価総額　　42兆7,000億円

　資本市場を活用した M&A 戦略を採用する場合には、闘うための戦力として、株式時価総額が非常に大きな意味を持っている。的確ではないという批判を受けることを承知の上で、イメージ的ないい方をすると次のようになる。信長が武田勝頼と長篠の合戦において武田の騎馬軍団と戦うが、その際に、柵を作りそこに鉄砲隊を並べて圧倒的な勝利をした。これは従来の主力武器の概念を変えるものである。つまり、新しい武器概念を持った方が勝つということである。株式時価総額は、この信長の鉄砲戦略に匹敵する新しい企業の戦略の武器ではないのか。

ライブドアのように、株式時価総額を重視するあまり、報道されているような法律違反疑惑などは問題であるとしても、株式時価総額を意識しそれを上手に活用することは、経営者としては戦略の一つとして関心を持つ必要があるだろう。換言すれば、株式時価総額は資本市場を活用する際の新しい経営資源ともいえよう。資本市場により株式には大きな流動性が与えられるために、株式が資本市場における通貨の役割を担うことになるのであり、株式によるM&Aは、まさに、株式が「カネ」に匹敵する経営資源としての機能を果たすことを意味する。

ソフトバンクや楽天のような新興企業以外の日本企業の中にも、そのことに気づきはじめている企業も出てきている。その代表的な例が、花王、味の素等である。

戦前の三井財閥、三菱財閥等の財閥が、事業規模を急拡大した背景には、M&A戦略があったのだといわれている。資本市場時代を迎えようとしている現状では、そのことを思い起こす必要がある。

第5節　敵対的買収に関する環境整備

敵対的買収に関する環境整備に関しては、二つの環境が重要である。一つは、日本社会の空気である。もう一つは、敵対的買収に対する障害を除去する法律の整備である。

まず、日本社会の空気について述べる。ライブドアのニッポン放送に対する敵対的買収以降、日本の社会の空気は敵対的買収を受け入れたと思われる。マスコミが行った世論調査にも、端的にそのことを示す数字が公表されていた。日本は社会的空気で動く社会だとよくいわれるが、今後、社会的に評価される敵対的買収の成功例が出れば、日本においても、敵対的買収が現状以上に多くなることが予想できる。その契機となるのは、大手といわれる日本の証券会社3社のうち、どこかが手を貸す形で敵対的買収を成功させた場合である。敵対的買収の活発化は、外資の対日投資を増加させ、日本の資本市場を繁栄させることであるから、資本市場を基盤とする証券会社が敵対的買収を否定すること

は自己矛盾となる。したがって、レピュテーションリスク（reputation risk）がない場合に、大手証券会社が敵対的買収を支援する立場に回ることは時間の問題である。

　また、敵対的買収にも企業価値を向上させるものがあり、それを資本市場が容認すべきであることは裁判所も認めているのであるから、企業価値を高める敵対的買収について、その支援をしないという証券会社が存在しているとすれば、その証券会社は、証券会社の社会的存在価値を自ら放棄したと評されることになろう。

　次に法律の整備であるが、証券取引法の改正により、敵対的TOBの障害は除去されることになりそうである。現状では、敵対的TOBを行った場合に、TOBを仕掛けられた会社が株式分割等の対応策に出た場合に、TOBを仕掛けた会社はTOBを撤回したり、あるいは、TOBに関する条件を変更することが認められていない。そのため、株式分割等の対応策が出てくるかもしれないことを考慮して、敵対的TOBをしたいのに思いとどまっているケースが現実には存在している。この点に関して、敵対的TOBは経営陣に緊張感をもたせる機能があり、企業価値向上を可能とする面もあることから、敵対的TOBの障害を除去することが望ましいとして、証券取引法の改正によって、上記の点に手当てが行われるようである。このように、法律の面でも敵対的買収に関する環境整備が行われつつある。

第6節　企業の防衛策の考え方

　資本市場が戦場のようになり、しかも、前節で述べたように敵対的買収者の攻撃を社会の空気が許し、同時に、敵対的買収を容易にする環境整備をする方向性が示されている。そのため、資本市場において上場している会社は、必然的に、敵対的買収を受けないように、どのような企業防衛策を採用すべきかを真剣に検討するほかない。この点に関しては、第2部でさまざまな防衛策について述べている。ここでは、防衛策についての考え方をまず、取り上げることにしたい。

重要なことは立場を変えて防衛策を考えることである。守りという立場から防衛策を考えると、自社にとって適切な防衛策といえない場合がでてくる。攻撃側から見て最も攻撃したくないのは、自分よりも強い相手であり、攻めればかえって攻める口実を与えかねない相手である。例えば、天下布武を掲げ、攻め手一方の信長でさえ、武田信玄を攻めることは考えられなかった。むしろ、武田信玄に攻撃されないように平和外交を展開し、縁戚関係を結んでいるのである。現在の資本市場で攻撃したくない相手とはどういうものかをよく考えるべきである。

　まず、攻撃は最大の防御ということがいえよう。武田信玄は、生涯、城を持たず、常に国境を越えて攻めまくった。そのために、人は石垣、人は城、情けは味方、仇は敵、と言ったのである。このように、攻めまくる会社を攻めようとする会社はない。同時に、そういう会社は攻めることで資本市場に将来を期待されているため、PERも株価時価総額も高く、敵対的買収をする気を起こさせないのである。

　次に、有能な経営者がいる会社も、敵対的買収を起こす気にならない企業となる。御手洗社長のいるキャノン、金川社長のいる信越化学、ゴーン社長のいる日産、永守社長がいる日本電産に対し、敵対的買収をしようとする会社はない。その有能な経営者に代わる経営者がいない以上、敵対的買収で企業価値を高めることができないからである。

　もう一つは、安定株主比率が高い場合である。敵対的買収が不成功に終わることが分かっているからである。ただ、今後は安定株主とは何かという点は考える必要がある。企業価値と関係なしに、何があっても現経営陣を支持するという従来の安定株主のような狭い範囲で捉えてはならない。従来の安定株主でも、その会社の事情で安定株主として議決権を行使できない場合もあり、株式を手放すことも想定しなければならない。逆に、従来の安定株主ではないが、会社の経営方針に賛同し、長期的なスタンスで投資をする機関投資家や個人株主等が安定株主になる可能性も否定できない。

　最後に、尊敬される会社も敵対的買収の標的にはならないと考えられる。ア

メリカであれば、ジョンソン＆ジョンソンを想起できるが、日本では、最近、トヨタが尊敬される会社としてフォーチュン誌上に紹介されている。世界で2位、全米で9位と公表された。

　今後は、CSRが活発となっているし、『日経ビジネス』等で尊敬される企業のランキングが毎年でも発表されれば、日本にも尊敬される企業が多数出てくるであろう。

　その場合には、尊敬される企業を敵対的に買収しようと考える者は出てこないものと考えられる。ただ、尊敬される企業は、同時に、企業価値を向上させることに熱心であるから、自ずから業績はよく、株式時価総額は高いことが多い。ジョンソン＆ジョンソンは、M&A戦略を採用しており、72年間にわたって増収を継続しているし、そのため株式時価総額も、薬品会社最大手のファイザー製薬に比肩するものがある。

第2章
新会社法の実務的理解

第1節　新会社法のイメージ

　まず、新会社法は会社に対する基本的なイメージが旧商法とまったく違うのだと認識すべきである。旧商法におけるイメージは大企業のイメージであり、そこには成長イメージはどこにもない。それに対して、新会社法のイメージは1人で起業したばかりの会社のイメージである。そこには、危なっかしさとともに、成長イメージが秘められている。新会社法のイメージを象徴するものをいえば、前述した孫正義社長が率いるソフトバンクである。

　創業当時の孫社長の会社は従業員とアルバイトが各1名であった。会社は、トタン屋根の木造の建物の2階にあった。このような会社が日本の将来に意味を持つものだという発想がなかった。そのため、従来の法体系ではこのような会社には光が当てられていなかったのである。

　しかし、新会社法はこのような会社を法体系の中心に据え、そのような会社に日本の将来を託したいとのメッセージをこめた。事実、孫社長は会社は小さかったが壮大なる志を持っていた。有名な逸話がある。孫社長が、毎日、みかん箱の上に乗って従業員とアルバイトの2人に将来の希望を熱心に話した。
　「売上高、5年で100億円、10年で500億円」
　「いずれは売上げは豆腐のように、1丁（兆）、2丁（兆）と数えたい」
　まもなく、社員もアルバイトも去った（井上篤夫著『志高く』実業之日本社刊）。
　その後、ソフトバンクは、紆余曲折を経て、日本をブロードバンド世界一の国家にする原動力となり、2005年度における連結売上高は8,370億円、株価時

価総額は4兆4,298億円（平成18年2月3日現在）となっている。

　このように、事実上1人で創業し日本社会を大きく変えるような会社をイメージすると新会社法が理解しやすい。小さな会社から大きな会社に発展するに従って、その成長ステージごとに適した経営ができるように自由な設計が用意されているからである。また、大企業になった後もさらに成長戦略が採用できるように、取締役会中心の迅速で柔軟な経営を可能にする選択肢が用意されている。その意味では、会社の成長という視点から新会社法を捉えることが重要である。

　上記の理解を深めるために、以下に少し詳しい説明をすることにする。

　従来の旧商法というのは、会社組織の典型的な会社を株式会社だと考えている。つまり、実際は有限会社の数の方が多いのだが、株式会社、その中でも特に大企業が日本を支えているのだという発想を持ち、株式会社を会社の典型とし大企業をそのモデルとして、旧商法の規律を考えているのである。

　また、大企業は、利害関係者が多いところにその特徴がある。例えばライブドアには、22万人もの株主がいたように株主が大勢いる。また、多くの取引をすることから多数の会社債権者がいる。しかも、従業員の数も多い。

　そこで、このような利害関係者の利益を調整する必要が生じる。会社と株主の関係や会社と債権者の関係等さまざまな関係での利害を調整するためには、強行法規によって規律するしかない。つまり利害の調整を類型的にするためには、各社ごとの経営の自由を広く認めることができないのである。その意味では、旧商法は、各社の経営の自由よりも、利害関係者間の利害の調整における法的安定性を重視した考え方に立つしかない。そのため、経営の自由の赴くところである成長イメージをもてる構成になっていなかった。

　それに対し、新会社法は、旧有限会社が原型である。一人で会社を創業し、そこから発展をしていく。その課程の中で、会社の実情に応じて自主的に組織を作る。そうはいっても、企業の規模により利害関係者が多くなり、経営が勝手なことをすると、株主や会社債権者を害することも生じることになるから、旧商法が規制しているような大会社に相応しいものを強制していかざるを得な

い面はある。その意味では、新会社法においても組織の大きさに従って、任意的なところから強制的なものに入っていく点はあるが、自由で迅速な経営ができるように、旧商法よりも自由な範囲を思い切って拡大した。このように、企業の規模により自由度は異なるが、新会社法の下では経営の自由度が拡大しており、それを活用することで会社は成長し、強い競争力を持つことが可能になる。その意味で、新会社法は企業の成長モデルを想定できる基盤を与えるものである。

　新会社法成立の背景にはITによる情報革命があり、さらに、知識資本主義の時代に入った中で、日本の国際的競争力を強化するという課題解決のために、起業を促進し成長戦略を起業家が採用するように促す国家施策がある。

　「グローバル・アントルプルヌアシップ・モニター」という企業家精神と起業熱を測定する世界的な調査（2002年度）において、日本は37カ国中最低の37位だった（米倉誠一郎・藤田晋著『起業ってこうなんだ！　どっとこむ』248頁、NTT出版2006年1月）。このような状態を変えるには、知識を持った1人による起業を促進する以外にない。これからは大量規格生産的なものではなくて、知識や知恵を使った他の人が作れない、あるいは、他の人が考えられないようなものを創造し、いろいろな市場をつくる必要がある。それによって新たな雇用を生んだり社会構造の発展を促す。国家戦略上でいえば競争力を増強することができる。そのためには、知識と志を持った若者に対する起業の期待を制度化する必要性がある。

　このような期待を出発点として、起業を容易にするために資本金はほとんど不要にしたばかりでなく、起業後も戦略の選択を自由とし成長を促進する仕組みを作った。さらに、大企業になっても競争力を強化して成長を続けることができるように、ここでも、戦略の選択の余地を広げるようにした。そのような趣旨から、会社法における経営の自由は競争力の強化のために成長イメージを想起させるものとなっている。その意味では、会社法は日本の会社の競争力を強化するための産業政策的な立法であるといえよう。

第2節　企業価値とは何か

　企業価値の一般的な定義は次のとおりである。

　　企業価値＝会社が将来生み出すキャッシュ・フローの期待値を現在価値に引きなおしたもの

　ここではキャッシュ・フローという言葉を使っているので、次に、キャッシュ・フローの構造はどうなっているのかの理解が必要となる。

　　キャッシュ・フロー＝税引き後営業利益＋減価償却費－（設備投資＋運転資本増加分）

　上記の式よりキャッシュ・フローの構造は、会社の経常的活動を前提とした視点で作られ、不祥事による損失という予測が困難なマイナスキャッシュを考慮に入れていないのである。以下に、経常的な意味での視点を取り上げよう。これを現在価値に割り戻す際に資本コストを考えるため、経営効率という観点から資本コスト視点も入れる方が正確といえるが、ここでは以下の3つの視点を取り上げる。
　①　未来から現在を眺める発想
　②　財務的発想
　③　キャッシュ・フロー重視

1：未来から現在を眺める発想

　キャッシュ・フローの発想は、未来のキャッシュ・フローを想定し、それに基づいて現在の価値を把握しようとする考え方である。そうだとすると、現在価値が正しくなるには、未来のキャッシュ・フローの想定を実現するために、現在において何をすべきかという戦略発想と密接につながることになる。特に、将来キャッシュ・フローは経営計画を基礎に捉えられるが、ここに期待値が含まれるために、過去の実績を基礎としながらも、不確定性の要素が生じることは避けがたいものである。その不確定要素を埋め合わせるのが、現在において

立てる戦略による将来の想定の実現である。その意味では、キャッシュ・フローの発想は、経営戦略を立てる経営者の重要性が高くなると思われる。少なくとも、現場から出てくる発想ではない。

2：財務的発想

　事業を重視する発想は重要である。ただ、会社は一つの事業を行っているわけではない。そのため、事業を重視すると、それぞれの事業を担当する者は当該事業に捉われるため、会社全体の視点から限られた経営資源を最も効率のよい配分を考えるという視点に欠ける面がある。つまり、会社が成長するには、会社の強みを活かし弱みを捨てるという「選択と集中」が重要となるが、事業中心の発想だと、強みに経営資源を集中し、弱みに経営資源を出さないという決定が下しにくい。そこで、財務的視点を設定し、その視点から経営資源の適正な配分を考える必要がある。それによって、会社全体を見渡した場合に、最も望ましい形で事業のポートフォリオを築くことができるようになる。

　例えば、財務的視点なしに、事業からの撤退を決めることは難しい。特に、伝統ある事業からの撤退にはしがらみと愛着が多く、撤退が会社ないしグループ全体によいと考えても、なかなか撤退の決断が下せない。しかし、ここに財務的発想で3期連続赤字の事業からは撤退という基準を立てた場合には、どうであろうか。いかに伝統ある事業であろうとも、3期連続で赤字であれば例外基準があるとしてもそれに該当しない場合には、撤退の決断をするしかない。ここで撤退の決断をしない場合には、財務戦略は瓦解し、それを立てた経営トップは信頼を失うからである。

　日本企業、特に製造業は従来より現場中心に事業を重視した経営を行ってきたので、現場を無視して財務的視点を導入することには抵抗があり得る。したがって、財務的視点を入れる場合には経営トップをはじめとする経営陣が現場を歩き現場を理解したうえで、その納得を得た形で財務基準を立てることが必要である。キヤノンは、利益重視により事業からの思い切った撤退をしているようであるが、御手洗社長は、現場回りを怠らなかったとのことである。その

意味では、財務発想も、純粋に米国流であるよりは、日本の会社の実情を考えた上でのものであることが判断の実効性を持つのではないだろうか。

新会社法は、企業再編や剰余金の分配等に財務的視点を導入した。例えば、企業再編行為とその際の対価を区別し、企業再編行為の際の対価を法律で固定しないで、経営者の自由な選択に委ねた。すなわち、吸収合併という企業再編をする場合には、旧商法では、解散会社の株主に対する対価は存続会社の株式と決まっていた。つまり吸収合併の対価＝存続会社の株式と固定されていたのである。

ところが、新会社法では、吸収合併という企業再編をする場合の対価は存続会社の株式に固定されないことになった。対価を何にするかは経営者の選択に委ねられることになった。親会社の株式でも、子会社の株式でも、現金でも、自社の財産であればよいことになった。その結果、企業再編行為という視点と対価を何にするかの視点とを区別しながら、財務的視点で選択をすることが可能になった。例えば、余剰の現金がある場合に、現金を消滅会社の株主に交付することを選択することで、投資効率を上げることができる。

3：キャッシュ・フロー重視

キャッシュ・フローの構造では、「税引き後営業利益」が求められているため、キャッシュ・フローの増加のためには営業利益が増加する必要がある。そのため、営業利益率を高めるために投資の効率を考え、「選択と集中」を行い、シナジーの高いM&Aを実施することになる。

さらに、税引き後営業利益なので、営業利益から控除される税金は少ないほうがキャッシュ・フローは増加することになる。この税金は、経常的に問題となるから、不必要に税金を払わないで、適法な節税策で税金を最小化することは、キャッシュ・フローを重視した経営にとっては、絶対不可欠だということになる。

さらに、ここで考えなければいけないことは、キャッシュ・フローの構造は、経常的な経営活動に関するものであり、長期的経営の視点においては、会社の

不祥事や事故などがキャッシュ・フローを減少させることがあるという点である。しかも、会社の不祥事等は、キャッシュ・フローの減少の程度が大きく、時として、数年間の税引き後営業利益をもってしても補うことができないこともあり得る。その意味では、このような巨額になり得るキャッシュ・フローの減額要素を最小化することも長期的経営視点でのキャッシュ・フロー経営を考える場合には重要となる。

以下に、不祥事が巨額のマイナスキャッシュをもたらすかを検討する。

1　ライブドア事件におけるマイナスキャッシュ

ライブドアの証券取引法違反事件は不祥事であるが、その結果、ライブドアの事業拡大の最大の経営資源である株価時価総額が大幅に下落した。事件発覚前のライブドア本体の株価時価総額は7,000億円を超えていたが、事件発覚後では1,000億円を切るところまで一気に下落した。これでは、ライブドアは株価時価総額を経営資源とする戦略をとれなくなる。その結果、資本市場の事業拡大機能を活用して将来キャッシュ・フローを増加させることが困難になった。換言すれば、資本市場において、ライブドアは、従来の攻め手から、守り手に変わったということである。これはライブドアの死活問題である。

しかも、取引を切られることも多いと報道されているから、営業利益も大きく毀損され、非常に大きなダメージをキャッシュ・フロー上に与えることが懸念される。

さらに、広告塔でもある堀江氏が社長を辞任し、中心的経営陣が崩壊したため、ライブドアグループは、戦略の練り直しをしなければならなくなった。戦略の見直しは、キャッシュ・フローに決定的な影響を与えることになる。

その上、事件の摘発によるライブドア本体とグループ各社におけるさまざまな混乱により、従業員の士気が低下することもキャッシュ・フローを減少させる要因となることが明らかである。

加えて、この事件で多くの株主に著しい損害を与えたので、株主から損害賠償請求を受ける可能性があり、キャッシュの外部流出の危険がある。さらに、

フジテレビの出方一つで、巨額の損害賠償請求を受けるリスクがある。これも、キャッシュの外部流出の危険がある（平成18年３月13日、証券取引法違反容疑での告発を受け、東京証券取引所はライブドア株の上場廃止を決定した）。

このように、将来のリスクが本当に起こるかどうかというのは将来になってみなければ分からないため、不祥事が起きていない現在において本気で取り組む課題とは考えにくい。しかし、ライブドアのように、不祥事が起こると大きなマイナスキャッシュをもたらし、企業を崖っぷちに追い込むほどのダメージを与える。ライブドアからすれば、関東大震災、阪神大震災に襲われたようなものである。その意味では、不祥事は経常的な営業利益の喪失にはとどまらず、キャッシュ・フローを減少させる最大の要因であることは明らかである。

このような不祥事による強大なマイナスキャッシュを防止することを真剣に考え、現在時点で、危機管理としてそれに対して取り組むことが企業には必要である。つまり、不祥事は巨額のマイナスキャッシュをもたらす可能性があるため、これを無視しては経営ができないのである。このように考えると、不祥事による巨額のマイナスキャッシュの発生を防止し、それを最小化するために必要なコンプライアンスは、キャッシュ・フロー経営の根幹だということになる。従来のキャッシュ・フロー経営は、目に見える経常的なものを対象にし、目に見えないが会社に対する決定的ダメージを与えるものを無視してきた。喩えてみれば、海面上にある目に見える部分だけを見て、目に見えない海面下の巨大な存在を考えないで、氷山を語るようなものである。真のキャッシュ・フロー経営は、目に見えない海面下の巨大な氷山をも考えることである。

2 会社の存続

山一証券や雪印食品が、企業不祥事のために消滅した。これも、キャッシュ・フローと密接に関連する。企業が存続できなくなるということは、キャッシュ・フローを生み出す組織それ自体が存在しなくなるということだからである。換言すれば、キャッシュ・フローの源泉を失うということである。

3　経営者の辞任

　不祥事が起きると、その規模や社会的影響の程度等によって、経営トップ層の辞任という事態が起こる場合がある。経営トップ層は、戦略決定をする役割を持つが、戦略如何が会社のキャッシュ・フローに決定的な影響を与えることは明らかである。したがって、不祥事により優れた経営トップを失うことは、キャッシュ・フローのダメージが極めて大きい。

　企業不祥事によって、キャノンの御手洗社長、日産のゴーン社長が辞任した場合を想定すれば、企業不祥事がいかにキャッシュ・フローを痛めつけるかが分かる。

4　従業員の士気の低下

　日本の会社では、従業員の忠誠心も含めた従業員の士気が企業基盤である。黙々と製造現場で働いて、お金が出ないにもかかわらず、一生懸命工夫してそれを周りの人とか後輩達に伝えていく。これが日本の製造業の強いところだという。これは一橋大学の野中郁次郎教授によって「暗黙知」と名付けられ、日本の企業の本当の競争力の源泉だ、という評価をされた。その暗黙知の基礎にある従業員の士気が、不祥事を起こすと低下する危険がある。それは同時に、競争力の源泉を毀損し、ひいてはキャッシュ・フローにマイナスの影響を与える。

5　取引停止等が取引に与える影響

　橋梁における談合が摘発され、談合に参加した企業が公共事業から排除されている。つまり、指名停止も受けて公共事業からの売上げが減り、利益も減って、橋梁事業は赤字化するということである。これはマイナスキャッシュの典型である。

　他にも、食品関係で食中毒の不祥事が起こると、多くの小売業で、いっせいに商品を売り場から排除することになるが、これもマイナスキャッシュの原因となる。

6 巨額の損害賠償責任等

　不祥事が起これば、巨額の損害賠償請求を受け、その結果、巨額のキャッシュの社外流出が生じる可能性がある。消費者保護を前提とする自由主義経済が進展する今後は、ますます、損害賠償請求の金額が巨額になる可能性が高い。

　例えば、2004年12月1日から施行された改正証券取引法で、不実開示によって株主に損害を与えた場合には、一定の範囲で会社が無過失の賠償責任を負うことになった。その結果、不実開示という不祥事があった場合には、会社は巨額の損害賠償責任を負い、巨額のキャッシュが社外へと流出しかねない。西武鉄道やライブドアに改正証券取引法が適用されると仮定した場合には、巨額の損害賠償請求が許容されることは明らかである。

　最近では、談合やカルテルが摘発された場合に、国や地方公共団体が参加企業に対して、巨額の損害賠償請求をする例が増えている。例えば、石油製品納入入札談合事件では防衛庁が130億円を超える損害賠償請求をしている。

　さらに、最近起きたみずほ証券の誤発注に関して、400億円の損害賠償責任を誰が負うかが問題となっている。

　あるいは、損害賠償責任ではないが、キャッシュの社外流出として、談合やカルテル等の際に課せられる課徴金もその金額が巨大化する傾向にある。

第3節　経営の自由の拡大と責任追及の厳しさ

　新会社法の下では、「経営の自由の拡大」と「責任追及の厳しさ」がセットになる。

　経営の自由の拡大に関しては、まず、経営が自主的にできる範囲が大幅に拡大する。例えば、定款変更をすれば剰余金の分配は取締役会だけで決められる。業績連動報酬や賞与も、報酬枠の拡大を株主総会で決めてしまえば、後は毎期の取締役会で決定できるようになる。会社の資産規模の5分の1までは、簡易組織再編として取締役会の決定で行うことができる。また、組織再編行為や剰余金の分配等で、対価の選択が自由になる。その意味で、会社の経営に、財務的視点からの自由度が増した。さらに、譲渡制限会社では、自由な機関設計が

できるようになり、同時に、機関の運用にも柔軟性が許容されるようになった。

しかし、自由は放縦ではない。一定の規律の下での自由である。比喩的にいえば、法律という枠があり枠の中では自由だが、枠の外に出たらきついお灸をすえることである。これを規律という。換言すれば責任である。規律には、刑罰もあれば業務停止や課徴金という行政処分もある。あるいは、裁判手続を経た損害賠償請求もある。以上は、法的な規律である。

従来は、自由は狭かったところもあるが、規律はほとんど無かったに等しい面があった。刑罰は一罰百戒的なものが多く、刑事裁判でも大企業の役員だと、有罪でもほとんど執行猶予がつく。最近、行政処分は厳しくなりつつあるが、国民の納得を得る程度とはいいがたい。また、民事責任の追及はほとんど実効性を持っていない。せいぜい、株主代表訴訟に代表されるように、取締役に対する責任追及が稀に行われていただけである。

ところが、新会社法を含む法律によって規律の環境が整備され始めている今後は、会社や役員に対する責任追及は年ごとに厳しさを増し、「責任追及のない社会」から「責任追及がある社会」へと変貌する可能性がある。このように、「責任追及がある社会」が現実化する可能性があることの背景を以下に説明する。まず、新会社法における規定から取り上げると、主要なものは、次の三つである。

① 内部統制システムの構築を決議すべき義務の法定化
② 不提訴理由書制度の導入
③ 会計監査人に対する株主代表訴訟の許容

それぞれについて、簡単に説明する。まず、①の内部統制システム構築の義務の決議をすべきについて。その義務は、判例で認められていた内部統制システム構築義務を前提としつつ、法律で（会362④六）、取締役会に内部統制システムの構築に関する基本方針を決定させる義務を定めている。この義務は、将来におけるリスクを、現時点で構築したシステムとその運用で予防しようとするものである。ところで、判例のいう内部統制システム構築義務は広い意味では、過去において役員が違法な行為をし、それによって会社に損害を生じさせ

た場合には、それは過去のことであっても、当該役員に対して責任追及をする義務を内容とすると考えるべきである。過去の法的責任を追及することで、将来の再発防止につながるからである。

　しかも、平成18年4月1日から、内部通報者保護法が施行される。この法律のインパクトは強いものがある。現在では、上場企業のほとんどは、内部通報システムを置いている。これによって、社内に問題があれば、内部通報システムの経路に情報が入り、小火のうちに社内で消火することを想定している。ところが、内部通報者保護法によれば、一定の要件をクリアできれば、社内の内部通報の窓口ではなく、初めから社内の他の部署、例えば内部監査部門、社外監査役、社外取締役、会計監査人のところへ通報しても、会社から不利益な制裁を受けないことになっている。同じように一定の要件を具備すれば、初めから社外の権限がある行政機関やマスコミ等へ内部通報しても法律によって保護されることになっている。したがって、初めから外部の行政機関やマスコミ等に通報されると大火になるまで、会社は何も知らないという事態も起こる可能性があり、社内通報窓口を活用して小火の内に消火することが不可能となりかねない。

　このような背景事情を考えれば、真剣に内部統制に取り組むべき必然があることを理解できる。

　次に、②の不提訴理由書制度（会847④）を説明する。これは、役員にとって厳しい制度である。この制度は、役員に対するガバナンスの実効性を高めるために設けられた制度だからである。大企業の取締役に対する株主代表訴訟手続の流れの中で、この制度を説明すると、次のようになる。

　株主が代表訴訟を提起するときは、まず、会社に内容証明郵便を出す。大企業であれば監査役宛に出すことになる。その内容は、この取締役がこういう違法なことをやって会社に損害を与えたので、この取締役を提訴するようにというものである。その書面を受け取ってから60日の間に監査役が提訴しない場合には、その後に、当該株主は代表訴訟を提訴することができるようになっている。不提訴理由書制度は、このシステムの中で機能するようになっている。す

なわち、60日間を経過して監査役が提訴しない場合に、提訴請求をした株主から請求があれば、遅滞なく、提訴しなかった理由を書面で当該株主に通知しなければならないことになった。この提訴しなかった理由を書いた書面が不提訴理由書である。

この不提訴理由書には、次のような事項を記載しなければならないことになっている（会規218）。
- 行った調査の内容（責任の有無の判断の基礎とした資料を含む）
- 請求対象者の責任の有無についての判断
- 請求対象者に責任があると判断したのに提訴しない場合に、その理由

この記載事項を見れば明らかなように、不提訴理由書を提訴請求株主に通知するためには、弁護士等の専門家によるしっかりした調査とそれに基づく判断が必要となる。法的責任があるかどうかの法律的判断とその判断のために必要な資料収集のためには、しっかりとした法律家的調査が必要だからである。換言すれば、調査内容と判断の基礎としての資料まで記載が要求されると、いい加減な調査をしようにもできなくなるということである。専門の弁護士にチェックされれば、調査のいいかげんなところは発見されると考えるべきだからである。しかも、法的責任がある役員を提訴しない場合の理由を書くには、会社法の専門家的素養が必要不可欠になる。従来のように、提訴請求があっても、専門の弁護士によるしっかりした調査をしなかった場合とは、全く異なる状況になったと考えるほかない。つまり、役員に法的責任がある場合には、弁護士による調査によって得られた資料に基づいて、その根拠付けが行われる必要性がでてくるということである。

さらに、この不提訴理由書は、後の株主代表訴訟で役員に不利益に活用されることになる。例えば、判断の基礎となった資料の記載がある以上、その資料を指摘され、裁判所を通して、当該資料の提出を命じられる可能性が高くなってくる。これは、実務上、役員側の防御のためにはなかなか辛いところである。

最後に、③の会計監査人が株主代表訴訟の対象になった点（会423①、847①）に関して説明する。

株式会社の監査に関する法務省令案の段階で、監査人に対し基本姿勢を規定していた。ここでの監査人とは、監査役、監査役会、会計監査人、監査委員、監査委員会が含まれている。この案の中に監査人の基本姿勢として、次のような規定がある（株式会社の監査に関する法務省令案5②）。

「監査人は、正当な注意を払い、懐疑心を保持して、その職務を遂行しなければならない」

会社法の委任の下で、その施行のための細則や技術的規定を置くのが法務省令であるから、上記のような基本姿勢を書くことは相応しくないので、上記規定は法務省令からは削除された。しかし、監査の役割を果たすために監査役や会計監査人が懐疑心をもって職務を行うことは、当然のことである。そうでなければ、不正など発見できず、まともな監査をすることは不可能だからである。その意味では、この規定が平成18年2月7日公布の会社法施行規則の段階で削除されたからといって、監査役や会計監査人の監査に当たっての心構えとして懐疑心を保持しないでよいということにはならない。法務省令には規定されていないことになるが、監査役や会計監査人は、懐疑を保持した基本姿勢で監査に当たる必要がある。

カネボウの粉飾決算は、会計監査人がその本分を忘れ、疑いの心を捨てたところから監査が機能しなかった事案となり、その結果、会計監査人の監査に対する社会の不信感につながった。その反省を確認するために規定されたのが上記の案であるから、今後は会計監査人は、信頼を取り戻すためにも、懐疑心を保持して監査に当たることが要請されている。その上で、会社法は会計監査人の会社に対する法的責任に関して株主代表訴訟の対象とした。その意味では、会計監査人は監査に関して、株主の強烈なガバナンスを背後に受けることになり、その本来の役割を果たさざるを得なくなった。その結果、今後は会計監査人の監査が厳しくなり、その分、役員に対する規律は厳しくなると考える必要がある。しかも、会計監査の基準は厳しくなり、不正発見も重視されることも忘れてはならない。

以上述べたように、内部統制システムの構築に関する決議をすべき義務、不提訴理由書制度の導入、あるいは、株主代表訴訟を背景にした会計監査人の監査の厳格化等からすれば、今後の規律は強化されており、従来と異なる実効的なものとして現実化する可能性が高いと理解すべきである。

第3章
新会社法の下での株主総会の捉え方

第1節　物を言う株主の動きの活発化

　物を言う株主がいろいろな場面で活発に動いている。その典型的な動きを示すと次のようになる。

1：敵対的買収

　スティール・パートナーズ、ライブドア、夢真ホールディングス、村上ファンド、ドン・キホーテ等のように敵対的買収・TOBを行う者が増えている。今後は、もっと増えると予想できる。

2：株主提案

　村上ファンド、株主オンブズマンが代表的である。

3：会社提案議案に対する反対投票

　最近の機関投資家は、会社提案議案に対し、議決権行使基準を立て、それに基づいて、会社提案議案に対して反対投票をすることが多くなっている。役員選任議案と退職慰労金贈呈議案に対する反対が多く、さらに、敵対的買収に対する防衛策と見られた定款変更議案が否決された事例が3社で出た。

4：個人株主の株主総会での発言

　個人株主が株主総会で発言することが多くなってきた。平成17年度の株主総

会で株主が発言した会社が多数派となった。今後の個人株主の会社に対するガバナンスを考えると、このことは画期的なことであると理解できる。

5：株主代表訴訟の提訴

村上ファンドと株主オンブズマンが代表的である。村上ファンドは実績を上げている。東京スタイルの社長に対する株主代表訴訟における和解で1億円の支払いを勝ち取っている。また、西武鉄道の役員に対する提訴請求によって、2億円の支払いをさせている。

6：ポイズン・ピルに対する仮処分申請等の訴訟活動

ニレコのポイズン・ピルに対し株主である外資系投資ファンドが仮処分の申立てをして、差し止めに成功している。

7：会社に対する提訴により争うことへのプレッシャー

会社が法的な紛争を起こしている場合に、株主である投資ファンド等から、透明で公正な解決の要望が出され、その結果、会社が提訴をして裁判所での決着を強いられた例が出ている。今後は、会社は株主のこのような要望を想定した対応が必要になる。

8：不実開示に対する証券訴訟

西武鉄道関連の不実開示に対し、企業年金連合会等の株主から損害賠償請求が起こされている。今後は、証券取引法の改正によって、不実開示があった場合には多数の株主が会社に対して無過失責任を追及することが常識になると思われる（証21の2）。

9：行動的な株主

以上のように、最近の株主は、単に物を言うだけにとどまらず、多様な行動をとり、会社ないし経営者に対してガバナンスをするようになってきている。

このような行動的な株主を背景にした場合に、株主総会をシャンシャンで終わらそうということには無理がある。むしろ、行動的株主の存在を意識することで緊張感を持って経営をすることは良いことだと思うことが必要である。株主のガバナンスが強まれば強まるほど、株主総会は、真剣勝負の場となる。敵対的買収者と委任状勧誘合戦をすることもあり得るし、会社提案の特別決議議案に対して反対票を入れる可能性のある機関投資家に対し、事前の説得をしなければならないことも出てくる。また、経営者の責任を追及する株主に対し、株主の納得を得るための説明責任を果たす必要もある。いずれも、獲得目標を持った経営活動であり、その本質は闘争である。委任状勧誘合戦では、経営権を渡さないという明確な目標がある。会社提案の特別決議事項も適法に可決することが目標であり、責任追及の発言に対しては株主に納得をしてもらい、次の訴訟等への行動を阻止する明確な目標がある。

第2節　株主総会運営の中心は役員選任議案

　今後の株主総会では、その中心が変わることが想定される。その代表的な事項が次の点である。
　① 配当の決定から役員の選任へ
　② 決議の瑕疵に関する法的観点が重要に
　③ 株主に対する説明責任は、理解から納得へ
　ここでは、今後の株主総会における運営の中心が配当の決定から役員の選任に変わることを説明する。株主総会運営の最大の目的は、会社提案の議案を必ず可決することである。この点は、従来も今後も同じである。しかし、議案の中でも、従来は、利益処分案を可決させることが最も重要なものであった。つまり、株主に対する配当を確定することが、株主総会運営の絶対的な条件であったが、それに加えて、役員選任議案を可決することが重要になったのである。平成18年6月総会では、この2つが重要議案であることは変わりがない。
　しかし、平成19年6月総会からは、利益処分案が議案から消えることになっている。また、会社法によって自主的経営が可能となったので、監査役会設置

会社等においては、平成18年6月の総会で取締役会の決議だけで剰余金の分配ができるように取締役の任期を1年にする等の定款変更をしておけば、19年6月総会で配当を確定する必要はなく（会459）、1年任期となった取締役の選任議案が中心となる。自主的経営を選択する会社が増加し、いずれは、そのような会社が多数派となると想定できるが、そうすると、毎期の定時株主総会での中心議案は、取締役選任議案となる。その結果、取締役の資質に関する情報が重要となるとともに、取締役の説明責任は重くなってくるのは必定だと考える必要がある。

第3節　株主総会と会社法の適用時期

株主総会と新会社法の適用関係に関して、主要な点は次のようになる。

【総会の権限・手続】

　　総会の招集手続、決議事項、総会運営等は、招集手続の開始が会社法の施行日の前か後かで、適用される法律が旧商法か、会社法かが決まる。

【計算関係】

　　決算期に係る計算書類の作成、剰余金の配当等に関しては、決算期が会社法の施行日の前か後かで、適用される法律が旧商法か、会社法かが決まる。

(1：総会の権限・手続)

　総会の権限・手続に関しては、平成18年6月総会について、会社法の適用を避け、なんとか、旧商法で行いたいという実務的要望があった。通常、6月総会を招集する場合には、5月に株主総会の招集を決める取締役会の決議をし、6月に招集通知を発送するから、招集手続の開始は、会社法が施行される5月1日後になり、会社法で総会関係が規律されることになる。ところが、公表された株主総会等に関する法務省令案では、定時株主総会を集中日に開催する場合には、その日時に開催する理由を総会招集の決定をする取締役会で決議することを要求していた（株主総会等に関する法務省令案3-ロ）。この理由の決議がなければ、招集手続に法的瑕疵があることになり決議取消事由となる可能性

があるが、集中日になぜ開催するかの理由について、株主の納得を得ることは難しい。そこで、そのような決議を要求していない旧商法で6月総会を開催されないかが真剣に検討された。

そのため、「総会招集の開始」がいつなのかが問題となった。その点に関し、総会招集の開始は招集に関する取締役会の決議があった日であり、その場合の取締役会の決議は総会開催の日時・場所の決定だけでよいという法務省筋の考えがあった。しかし、実務の大勢はこの合理性に疑問がある解釈に乗り、4月の取締役会で6月総会の日時・場所の決議をして、旧商法の適用を受けようという動きになりかけていた。

しかし、公布された会社法施行規則第63条第1号では、集中日に定時株主総会を開催する場合に、その理由を取締役会で決議すべき場合を、集中日に開催することに「特に理由がある場合」に限定したので、事実上、この理由の決議が不要になった。その結果、総会関連は会社法の適用を受けることに不都合はないので、従来どおり、5月に招集に関する取締役会の決議をすればよいことになった。

2：計算関係

計算関係というのは、決算に関わる計算書類等の作成や剰余金の分配等に関することである。計算関係に関して、株主総会で適用される法律が旧商法か会社法かに関する基準は、最終決算期が会社法の施行日の前か後かである。会社法の施行日は5月1日であるから、最終決算期によって、株主総会において適用される法律は次のようになる。

> 決算期が4月期以前の会社（7月総会以前）……旧商法の適用
> 決算期が5月期以降の会社（8月総会以降）……会社法の適用

したがって、3月期決算で、6月総会の会社では、旧商法の適用を受けることになり、利益処分案承認の件という計算関係に関する議案が第1号議案にな

る。それに対して、5月期決算における8月総会が、計算関係に関して、初めて会社法の適用を受けることになる。ここでは従来と異なり、利益処分案承認の件が第1号議案となることはない。従来、利益処分案の構成要素であった剰余金の配当等や役員の賞与は、株主総会では各別の議案となる。

　剰余金の配当等を取締役会の決議だけで行いたければ、そのための定款変更が必要となる。役員の賞与を取締役会だけで決めたければ、株主総会で報酬枠を拡大する議案によるか、賞与議案によって賞与の枠を確保する必要がある。その後に、その枠の範囲内で、取締役会において取締役の賞与を決定できる。

③：株主総会に関するその他の事項
1 招集地の制限の撤廃

　旧商法では、招集地は本店所在地またはこれに隣接する地か、定款で定めれば別の場所でもよいとなっていた（旧商233）。東京都千代田区が本店所在地だが、隣接の区だけでは会場確保が困難な場合もあるので、東京都23区内どこでも会場としたい、あるいは、たまには大阪や福岡等の地方都市で株主総会を開催したいと考える場合には、定款変更で招集地を拡大した。

　ところが、会社法は旧商法の規定のような制限を撤廃した。したがって、会社は、日本国内の場所ならどこでも招集地とすることができる。ただ、山奥を招集地とするような通常人の株主に出席が困難な場所を招集地とする場合には、決議取消事由となる可能性がある。総会の招集は、株主に対し株主総会に出席する機会を提供するものであり、それは通常の株主が出席可能な場所で開催することが予定されているからである。

　したがって、会社が株主総会を招集する場合には、会社法では、どこの場所でも開催地として選択ができるのであるから便利である。そこで、従来、定款で招集地を制限していた会社は、定款変更してその制限を撤廃することも選択肢の一つである。ただ問題は、少数株主による株主総会の招集の場合（会297）に、招集地の制限がないと困ったことにならないかの点である。例えば、東京都千代田区が本店所在地である会社において、福岡の大株主が少数株主権を行

使して、株主総会の招集請求をして、裁判所の許可を得て、福岡市博多区を招集地として株主総会を開催されてしまうのではないかというリスクがあるかどうかということである。少数株主が総会の招集請求をする場合には、必ず取締役に対して請求することになっている。しかも、取締役がその請求に応じない場合に初めて、少数株主は裁判所の許可を得て総会招集ができることになっている。したがって、大企業の場合には少数株主から総会招集の請求があった場合に、専門の弁護士と相談しながら取締役がその請求に応じて株主総会の招集をするのが通常であるから、定款で招集地を制限する実益は考えにくい。

ただ、中小会社の場合には経営権をめぐる法的紛争が少なくなく、その一貫として少数株主による総会招集請求が行われることがある。その際に、大企業並みの対応ができていないのが通常であり、少数株主の総会の招集請求を一顧だにせずに無視することもあり、裁判所の許可で招集株主によって総会招集が行われることが予想される。その際に、招集地を定款で変更していないと、現経営陣にとって、不利な場所で総会を招集される可能性がある。このような想定を考えると、中小会社の場合には、予想外の自体が生じることも視野に入れて、定款で招集地の制限をしておくことが望ましいと考える。大企業の場合でも、オーナー企業もあり、その場合に、経営権をめぐる争い等があり、少数株主による総会の招集請求を無視する場合もないとはいえないので、ある程度の範囲で、定款で招集地を制限しておくことは例外的ではあるが、実益がある場合も考えられる。

第4節　修正動議の明文化とその制限

会社法では、修正動議の規定が置かれている（会304）。これ自体は、法律に規定されていなくてもできることである。重要な点は、修正動議の提出を制限できると規定した点である（会304ただし書）。すなわち、次の場合には修正動議を提出できないとされている。

① 修正動議が法令・定款に違反する場合
② 議案について総株主の議決権の10分の1以上の賛成を得られなかった場

合には、そのときから3年間が経過しておらず、かつ、当該議案と実質的に同一の修正動議である場合

①は、従来でも、解釈上、そのように考えられていた。しかし、②は会社法によって初めて規定された。会社にとって背後霊のような株主がいる場合には、実益のある規定である。そうはいっても、②を活用するには、総会場における採決の際に、賛成・反対のそれぞれの議決権数を確認する必要がある。そのため、大勢の株主が出席する大企業の株主総会では、利用されることは稀であると考えられる。ただ、上場企業であっても総会場で議決権数の把握がそれほど困難でない場合には、必要があれば活用できる規定である。株主数の少ない中小会社にとっては、経営権等をめぐる長期間の紛争が生じやすく、その際に株主総会が闘争の場と化することも想定できるから、②の活用の場面はある程度考えられる。

第5節　株主総会運営と定款変更議案

1：株主総会運営の目的

株主総会の運営をする際に、株主総会の目的を明確にすることが重要である。そうすることで、株主総会に関与する者が共通の目的を共有して、それぞれの役割認識の下で一体感をもって株主総会運営にかかわることができるからである。株主総会運営の目的は、次の二つを押さえることが重要である。

① 　適法に議案を可決すること
② 　株主とのコミュニケーションをはかり、株主の納得を得ること

従来は、この他に、利益供与をしないことという目的を入れていたが、総会屋が跳梁しなくなった最近の状況からは、大多数の会社では利益供与をする例は考えにくいので、これを目的に入れないことにした。しかし、会社に隙があれば、反社会的勢力が株主総会運営にかかわってくる可能性は消えていないので、注意だけはしておくに越したことはない。

以下に、上記二つの目的の意味を説明する。

1 適法に議案を可決すること

　この目的は、「議案の可決」と「その適法性」という二つの要素から成り立っている。議案の可決は必要であるが、それが違法ないし違法の疑いがあるのでは不十分である。

(1) 株主総会では、「議案の可決」が絶対に必要である

　株主総会を開催するに当たっては、会社提案議案の可決が絶対に必要なためである。そうでないと、株主に対する配当、定款の変更、取締役等の役員、退職慰労金の贈呈、ある程度の規模の企業再編等に関して、経営上支障を生じるからである。

　従来は、株式の相互持合い構造があったこと、物を言う株主が少なかったこと等の事情から、この点に関して意識して取り上げる必要はなかった。しかし、現在では株式の相互持合い構造は崩壊して、安定株主比率は低下の傾向があり、むしろ、外国人持株比率が高くなってきている。さらに、年金基金等機関投資家が物を言いはじめており、会社提案議案に反対する議決権行使が目立つようになってきている。しかも、平成17年6月総会では、現実に、3社で会社提案の定款変更議案が否決された例が出た。このような新しい状況は、対日直接投資の大幅な増加をはかるべき国家施策とグローバルな競争が激化している状況を背景とする資本市場の機能の強化からくるものであり、この傾向は増すことはあっても、減少することは考えにくい。

　したがって、今後は、どうすれば議案を可決できるように持っていけるかを真剣に、建設的に構築する必要がある。安定株主比率を向上させるには時間をかける必要もある。また、IR戦略で会社の経営方針に賛同する機関投資家を増やす努力も必要である。特に、反対が予想される特別決議議案に関しては、総会前に各機関投資家を回って、理解してもらえるように十分な説明をする必要がある。場合によっては、特別決議議案を策定する前に、各機関投資家の意見を聞いて回り、それに基づいてさまざまな配慮を施した特別決議議案を提案できるようにすることも必要である。

重要なことは、当該議案を見ただけでは反対の議決権行使をする機関投資家であっても、普段から積極的に情報開示をし、機関投資家の意見を聞き、良い意見は取り入れるという信頼のコミュニケーションを築いている会社の場合には、賛成の議決権行使をする可能性があることを認識することである。その意味では、難しい特別決議議案を可決できるように持っていく体制を、問題なく可決に持っていける現時点から準備をしておくことが重要である。

(2)　株主総会運営では、「適法に」議案を可決しなければならない
　最近の株主総会では、総会屋の脅威は去りつつあり、かつ、IR型総会が主流となっているため、株主の発言を最大限に尊重するようになっている安心感からか、総会運営において決議取消事由に対する対応は、厳しさを欠いている状況がある。つまり、総会運営における法的リスクに対する万全の体制ができていない傾向がある。
　総会運営において法的瑕疵となる主なものは次の三つである。
　　一つは、株主に発言の機会を与えないこと
　　二つは、決議事項に関する質問に対し、説明義務違反があること
　　三つは、取り上げるべき動議を取り上げないこと
　以下に、順次説明する。
(i)　株主の発言の機会
　株主に発言の機会を与えないと、株主の発言権を侵害したことになり、法的瑕疵とされる可能性がある。したがって、次のように考えるべきである。
　原則的には、発言を希望する全株主に発言の機会を与えることである。
　また、例外的には、総会の所要時間が2時間超を大幅に経過し、質問者が相当数になり、想定される主要な質問は尽きている場合には、議場に諮って質疑を打ち切ることは、発言していない発言希望者がいる場合でも、法的瑕疵となる可能性は著しく低い。
　もう一つ注意が必要なのは、発言の機会を与えた株主の発言の打ち切りである。この場合にも、株主の発言権の侵害とされる可能性があるからである。

個人株主の中にも問題発言を繰り返す者がいるため、総会の円滑な運営のために、個人株主であろうとも、その発言の途中でも打ち切りをする必要性はある。その際に、株主の発言権の侵害とされないための方策を採る必要がある。この点が、まさに、議長の議事整理のポイントである。重要な点は、議長は議事整理に関してはオールマイティーの権限を与えられており、その絶対的自信の下で、冷静な態度で問題株主に対応することである。そのためのノウハウは確立している。問題株主の発言行動ごとに適切な議事整理をするための言葉を用いればよい。

　そのいくつかを以下に例示する。

【発言が要領を得ない場合】

　「株主様、ご発言の趣旨が明確ではありません。ご質問を簡潔にお願いします。」

【質問の数が多くて回答に困る場合】

　「株主様、ご質問は１問ずつお願いします。」

　「株主様、ご質問が多くなっておりますので、これまで承った三点について、ご回答します。

　まず、一点目を〇〇取締役から、二点目を△△常務取締役から、最後に三点目を私からご回答いたします。」

【質問時間が長くなった場合】

　「株主様、ご質問はあと１問でお願いします。」

　「株主様、ご質問が長くなっていますので、これまでのご質問について、〇〇取締役からご回答いたします。そのうえで、ご質問はあと１問でお願いいたします。」

【同じことを繰り返し質問する場合】

　「株主様、ご質問に対しては、先ほど〇〇副社長からご回答申し上げました。どうか別の質問をお願いします。」

　「別の質問もないようですので、ご発言は終了とします。他に、発言を希望される株主様はいらっしゃいますか。」

【演説をする場合】

　「株主様、発言の途中ですが、いろいろご意見を承りました。ご発言が長くなっておりますので、ご指摘の点を踏まえまして、○○常務取締役からご回答いたします。」

（詳細は、鳥飼重和著『株主総会の議長・答弁役員に必要なノウハウ』128頁以下、208頁以下参照。商事法務　2005年2月）

(ii)　決議事項に関する説明義務

　説明義務は、報告事項に対するものと決議事項に対するものがある。報告事項に固有の質問に対する説明義務に違反しても、取り消すべき対象としての決議事項がないから決議取消問題にはならない。それに反して、決議事項に関する質問に対する説明義務に違反した場合には、当該議案に関する決議取消事由となる。質問が報告事項に関するとともに、決議事項に関することもあるから、その場合における説明義務違反は、決議事項に関する決議取消事由となり得る。

　ここで注意すべきは、従来、決議事項に関する説明義務の範囲は抽象的な説明で足りるとされている点である。決議事項に関する説明義務は、株主が決議事項に対する賛否の決定をするために必要な情報を提供することである。従来、議決権行使書面で賛否の判断をする株主に、その判断のための最小限の情報を提供する目的を持つ参考書類の記載が抽象的事項の記載にとどまっていたため、決議事項の説明義務の範囲は参考書類の記載事項を敷衍した程度でよいと解釈されていた。しかも、従来の一般の株主はそれほど質問もせず、議決権行使の基準を設けて反対投票する機関投資家も存在せず、むしろ、決議事項の賛否のため情報提供を求める意思のない総会屋が質問をし、それを契機として決議取消訴訟を提起することの多かった時代という背景があった。

　ところが、現在の状況は一変している。現在の一般株主は、決議事項の賛否をするための情報提供を求めて質問する傾向にある。また、機関投資家では、議決権行使基準を立て、その基準に基づいて決議事項に対し賛否を分け

ている。しかも、今後、決議取消訴訟を提起する可能性の高いのは一般株主か機関投資家である。そのうえ、会社法施行規則における社外取締役及び社外監査役に関する参考書類の記載は詳細かつ具体的なものになっている（会規74④、76④）。これは、詳細かつ具体的な情報が決議事項の賛否を判断する情報として必要だと考えられたからである。

　例えば、機関投資家の議決権行使基準によれば、社外取締役の独立性の基準を立てている例がある。それは、社外取締役がほかの取締役等を監査する役割を果たすには、独立性が必要だからとの理由による。そうだとすれば、一般株主が社外取締役候補の独立性に関して具体的質問をする場合には、それに対する情報次第では、賛否の結論が変わる可能性がある場合があるから、それはまさに説明義務の範囲に入るべき事項である。また、機関投資家の議決権行使基準があって、賛成する基準に該当しない場合でも、各社が当該機関投資家に十分な情報を提供すれば、機関投資家は議決権行使で会社提案に賛成することも少なくないのである。決議事項に対する情報の提供度合いによって、賛否の結論が変化するのが実情であり、そのため、本来、説明義務の範囲は抽象的ではあり得ず、より具体的に考えられるべきである。

　したがって、今後は、決議事項に関する説明義務は抽象的ではなく、質問により要求される情報によって、一般の株主の決議事項に対する賛否の判断に影響を与える可能性があるものは説明義務の範囲になると捉える必要がある。

(iii)　議場で諮るべき動議

　総会の議場で諮るべき動議を議場で諮らないと、決議取消事由となる。換言すれば、議場で諮るべき動議を議場で諮れば、決議取消とはならない。したがって、議場で諮る必要のない動議や動議もどきを議場で諮っても決議取消事由にはならないのである。

　実務的には、次のものは議場で動議として諮ればよいことになる。

【議場で諮るべき動議であることが明らかな場合】

　その例は、必要的動議として後述する。

【議場で諮るべき動議か、諮らない意見であるか不明な場合】
例)「1株当たりの配当は議案では10円だが、15円にしてほしい」という株主の発言

　この発言は、株主の意見であることは確かであるが、それが、議場で諮るよう求める意思まで含むと修正動議となり、動議として議場で諮るべきものとなる。しかし、この発言だけでは議場で諮るよう求める意思まで含むかどうかは不明である。この場合は動議として議場で諮っても法的瑕疵はない。

【動議ではあるが、議場で諮るべきものか、議場で諮らないでよいものかが不明な場合】
例)「第2号議案は定款一部変更の件となっているが、私は、取締役の解任決議の要件を特別決議に加重する事項だけ反対で、他の事項は賛成だ。そういう意見の株主も多いと思う。そこで、定款変更議案を二つに分けて、その一つを取締役の解任決議を特別決議にする事項に関する定款変更の議案とし、もう一つをその他の定款変更事項に関するものとして、別々に採決を取ってほしい。」という株主の発言

　この株主の発言は、議場で取り上げることを求めている意思があることから、動議であることは明らかである。しかし、この動議が進行上の動議なのか、修正動議なのかは見解が分かれ得る。進行上の動議であれば議場で諮る必要はないことになるし、修正動議であれば議場で諮る必要がある必要的動議となる。この場合に、進行上の動議か修正動議かで考えるのは、実務的には無駄である。議場で諮ってしまえば、それで決議取消の余地はなくなる。

　以上の考え方とは反対に、議場で動議として諮らないでよいと考えてもよいものは次のものである。

【単なる意見であることが明らかで、動議でない場合】
　32ページ②の株主とのコミュニケーションをはかり、株主の納得を得ることが必要な例で、議長が株主に対し議事整理することが望ましい。

　「株主様、ただいまのご発言は意見ですか、それとも議場で取り上げることを要望される動議ですか。」

意見だとの回答があれば、議長は「ありがとうございます。貴重なご意見として承ります。」
といえば足りる。

【動議であるが、議場で諮る必要がないことが明らかな場合】
例）「そろそろ、昼なので弁当を出す動議を提出します。」

この動議は、議場に諮る必要がないことは明らかであるから、議長の裁量で動議を却下し、議場で諮らないでもよい。このような動議でも、議場で諮ることはかまわない。

必ず議場で諮るべき動議を必要的動議というが、次の五つがそれである。
① いわゆる総会検査役選任の動議
② 延期・続行の動議
③ 会計監査人出席要求の動議
④ 議長不信任の動議
⑤ 議案の修正動議

①〜③が必要的動議となるのは、法律上、総会の決議事項とされているためである（①：会316、②：会317、③：会398）。

④が必要的動議なのは、議長の不信任を議長の裁量に委ねるのは公正とはいえないからである。⑤が必要的動議なのは、議案を修正する権限を持つのは株主総会だからである。

(3) 動議の処理に関する実務ポイント

最後に、動議の処理に関する実務ポイントを三つ述べる。

(ⅰ) 意見か動議かを明確にするため、議長の質問を活用する。

議長の質問でいずれであるかが明確になれば、迷いがなくなる。議場で迷うのは、総会運営上、避けるべきである。

(ⅱ) 動議であるが議場に諮るべきかどうか不明の場合には、議場に諮る。

議場に諮るべきかどうか不明のときは、法的瑕疵を確実に消すためには議場で諮ればよいからである。

(iii) 動議として議場に諮るかどうかの事務局の判断に議長は従う。

　これは、専門性のある法律判断であるので、この点に関して、議長は事務局の指示に従うことが法的瑕疵を回避するために必要だからである。この点に関するルールは、総会前に、議長と事務局間で合意しておき、その合意どおり議長が事務局の指示に従うかをリハーサルで確認しておくことが重要である。

2 株主とのコミュニケーションと株主の納得

　総会屋対応型総会であった会社主導型総会は、総会屋とのコミュニケーションを切断することを積極的に意図した戦略であった。会社の嫌がることをしたり、会社に協力をしようと申し出たりするというように、総会屋は株主である地位を利用して会社とコミュニケーションをはかり、それを契機として金銭等の要求につなげようとする。それを避けるためには、会社は総会屋が株主として権利を行使する場面でのコミュニケーションを切断する必要があったからである。シナリオ、一括回答、一括上程一括審議方式、議長は議事整理に専念し回答役にならない方式、説明義務の範囲での回答姿勢、株主の質問への介入や株主質問の打ち切りの手法、会場設営と会場警備、集中日に一斉に総会を開催する方式等、これらすべてが総会屋株主とのコミュニケーションを切断する手法である。ただ、この中では一括上程一括審議方式のように使い方によっては、株主とのコミュニケーションを高めるために活用できるものもある。

　ところが、現在では総会屋をほとんど総会運営で想定しないでよい会社が大多数になった。むしろ、一般株主が大勢株主総会に来場し、積極的に発言する傾向になっている。しかも、ライブドアによる敵対的買収以来、一般国民が資本市場に対する認識を深め、企業価値という言葉まで使うようになっている。そのうえ、株式の相互持合いの崩壊により、外国人株主比率の増加や機関投資家のガバナンスの厳しさから、安定株主として期待できる長期的投資傾向を持つ個人株主を増やそうとする会社が多くなっている。そのためには、個人株主が多数集まる株主総会の運営において、個人株主とのコミュニケーションを積

極的に行う必要性を認識すべきである。

　長期的投資傾向を持つ個人株主、あるいは、長期的保有目的を持つ年金基金等を本当の安定株主にするには、会社及び経営者が信頼され、同時に、会社が長期的に成長するものと期待される必要がある。信頼を得るためには、会社は情報開示を積極的に進め、自社に都合の良い情報ばかりでなく、自社に都合の悪い情報を隠すことなく迅速に開示することで信頼を得ることが重要である。同時に、会社が長期的に成長戦略を立ててそれを公表するとともに、それを業績の向上による実績で示す必要がある。

　ジョンソン＆ジョンソンは米国で最も尊敬される会社であるが、同時に、Ｍ＆Ａ戦略を中核とした成長戦略を採用し、72年間連続で増収という実績を示している。このジョンソン＆ジョンソンは、株主価値を第1順位に置くことは長期的経営に適合しないとして拒否し、従業員を顧客に次いで第2位の優先順位において、株主価値よりも重視している。その意味では、日本的経営と類似した考え方を持っている。しかし、株価時価総額は製薬会社では世界一の規模を誇るファイザーを抜いてジョンソン＆ジョンソンが世界一になっている。これは、とりもなおさず、同社が株価も重視した経営をしている証左であり、同時に、同社の長期的経営姿勢が安定株主に支えられていることを示している。このジョンソン＆ジョンソンは日本の会社にとって学ぶことの多い会社ではないかと思う。

　株主総会における会社と株主とのコミュニケーションは、双方向でなければならない。会社が自社情報を一方的に発信するばかりでなく、株主の質問や意見を受け止め、それから取り入れるところがあったら取り入れるという素直な姿勢による株主との双方向のコミュニケーションが求められている。事業分野における専門性に誇りを持つことは重要であるが、素人の考えを排斥する傲慢さを示すと、株主との間で真の信頼関係は築けないからである。結局、株主総会における株主と議長ないし答弁担当役員との双方向のコミュニケーションによって、また総会に出席した個人株主が議長及び答弁担当役員の説明を納得することで、全経営陣に対し信頼感を持ち、同時に、将来に対する期待感を持て

るかどうかが決まるのである。

2：定款変更議案と総会運営

1　定款変更議案の立案

　定款変更議案を立案する場合には、その立案のしっかりした理由が必要である。単に横並びでなく、まず、自社にとっての必要性について、自信を持って説明できるようにしておくことが重要である。

　そのうえで、その定款変更議案に対し反対する株主を想定すべきである。ある意味では、担当者間でディベートの要領を用いて、定款変更議案の賛成派と反対派に分かれて、それぞれの立場に立ったロールプレーをすることで、定款変更に関する弱点とともに、説得できるポイントの発見ができる場合もあり得る。敵対的買収に関する防衛策である場合には、それが現経営陣の保身ではなく、長期的な経営を考えた場合に、企業価値を向上させるものであることを説得的に説明できるようにしておくことが重要である。単に言葉上の説明に終わらせず、自信を持った態度で説明責任を果たすという姿勢がほしい。

2　定款変更議案の取締役会決議

　定款変更議案を株主総会の決議事項にすることを取締役会で決議をする場合には、当該定款変更事項の自社にとっての必要性に関して、取締役間で十分に討論すべきである。

　このような討論が十分行われた場合には、株主総会で定款変更事項について株主から質問があった場合でも、議長あるいは答弁担当役員は自信を持った態度で、株主から十分納得を得られる答弁を期待できる。これは、他の議案についても同じことであり、総会の決議事項とするものに関しては、取締役会での十分な討論は株主総会における役員の答弁に自信をもたらすものである。

3　定款変更議案に対する事前の準備

　定款変更議案の内容によっては、機関投資家等の反対を予測できるものがあ

る。買収防衛策としての定款変更議案がその典型である。このような場合には、総会の前に、主要な株主に対して、なぜ買収防衛策を採用したのか、それが企業価値あるいは株主価値を毀損しないことを個別に訪問し、納得を得る努力をすることが重要である。また、招集通知に添付する参考書類においても、議案の内容のほか、会社法施行規則に必要的とされてはいないが、提案の理由の記載をすることが望ましいし、事前の議論から導かれた説得力のある論理展開ができるのであれば、より踏み込んだ記載をすることで株主の納得を得ることが可能となる。

4 定款変更議案についての説明義務

　定款変更議案に対して株主の質問がある場合が少なくない。特に、平成18年の株主総会では変更される定款項目が多いからなおさらである。定款の変更に対する質問はさまざまあるが、次のような質問に対しては説明義務があることを確認する必要がある。

　一つは、定款変更事項としての記載の意味に対する質問
　例）「株主名簿管理人との記載があるが、どのような内容の業務を行うのか」
　　　「取締役会の決議の省略について記載しているが、どのような議案でも決議の省略をすることができるという意味か」
　二つは、定款変更の理由についての質問
　例）「取締役の解任決議の要件を加重した理由は何か」
　　　「社外監査役に責任限定契約を認めるのは、なぜか」
　次のような場合には、説明義務はあるのだろうか。
　例）「会計監査人に責任限定契約を認めたいようであるが、このような責任の軽減をはかると、会計監査人の監査が厳格でなくなる危険が生じやすくなるのではないか」
　　　「取締役の解任決議の要件を加重すると、取締役が保身に走りやすくなり、緊張感が薄れることになるのではないか」
　これらの質問は、定款変更の理由に関するものではないが、当該質問項目の

定款変更に対する賛否を判断するうえで重要な情報であるといえるかどうかで、説明義務が生じるか否かが決まると考える。議案に関して賛否を左右する情報を提供するのが説明義務だからである。会計監査人を株主代表訴訟の対象にしたのは、会計監査人に対する責任追及を厳しくすることで会計監査人の監査を厳格化する趣旨であるから、責任を軽減することで会計監査人の監査の厳格性を弱くしないかどうかの心配が株主に生じるのは自然である。したがって、その点の疑問に対する情報如何でこの定款変更議案に賛成か反対かに影響を与えると考えられる。したがって、説明義務があると考えるべきである。

同様に、解任決議の要件の加重によって取締役に緊張感が欠けるかどうかについても、当該事項との関係で定款変更議案に賛成か、反対かの結論に影響を与えることが十分考えられるから、説明義務は生じると考えるべきである。

定款変更議案において、多数の定款変更事項がある場合には、株主の質問も、多数の定款変更事項におよぶ可能性がある。その場合に注意すべきは、質問された事項のすべてに対し回答をすべきであり、主要な定款変更事項だけ回答するのでは説明義務違反とされる可能性がある。

5 定款変更議案についての動議

定款変更議案に関する意見が出された場合には、動議として議場で諮るべきかどうかを常に考えておく必要がある。

最も多いパターンは二つ考えられる。

一つは、定款変更事項の内容の修正である。

これは修正動議に関するから、常に、動議として議場に諮るべきかを注意すべきである。

まず、単なる意見か修正動議か不明の場合には、議長に議事整理してもらい、意見か修正動議であるかを明確にすべきである。

　例）「発行可能株式総数を2億株に増加させる案であるが、そこまで増やす
　　必要はないから、1億5,000万株にとどめておくべきだ。」

この意見は、単なる意見か、1億5,000万株に定款を変更するように議場に

諮ることを求める意思を含む修正動議か不明な点がある。そこで、議長が議事整理をして、株主の意思の内容を明確にする必要がある。

「ただいまのご発言は、意見ですか、それとも、動議として議場に諮ることを要望されるご趣旨ですか。」

二つ目は、定款変更議案を二つの議案に分けて採決するように要求してくる場合である。

この場合には、多数の定款変更事項を一括して議案としていることを議案の内容と捉えると修正動議となるが、定款の内容の変更ではなく、議案としての取り上げ方の問題だとすれば、進行上の動議となる。これは見解の相違である。時間のあるときは、この議論はしてもよい。しかし、議場で一瞬に判断しなければならない実務では、そのような時間の余裕はない。

要は、動議の問題で、決議取消事由にならなければよいのである。したがって、判断基準は単純かつ明確でなければならない。動議の場合の判断基準は、決まっている。

「不明なときは、動議として議場に諮ること」

これに尽きる。修正動議か進行上の動議か区別しないでよい。あらかじめ、いずれかの処理に決めてしまえばよい。最も簡単な処理方法は、進行上の動議と同じ手法で、直ちに、議場に諮ることである。その場合には次のようになる。

「ただいま、株主様から定款変更議案を二つに分けて別々に採決するようにという動議が提出されました。私は反対でございますが、私の意見に賛成の株主様は、拍手をお願いいたします。」

（拍手）

「ありがとうございました。動議について反対多数ですので、ただいまの動議は否決されました。」

もちろん、修正動議と同じ手法で、後で定款変更議案の採決のところにもっていくことでもよい。ただ、実務的には進行上の動議と同じ処理方法が楽である。実務は安全性が高く最も簡便なものが望ましい。どちらでもよいものであれば、あまりうるさい議論は不要である。ところが、実務であるのにそのよう

なうるさい議論をする傾向がある。その典型が、一括上程一括審議方式と個別上程個別方式の議論である。どちらも採用することができるのであるから、最も簡便な方式である一括上程一括審議方式を採用するのが実務だと思うが、どういうわけか、個別上程個別審議方式に妙にこだわっている実務家が多い。実務家というより学者的でありすぎるのではないだろうか。

第6節　中小会社における株主総会運営

1：中小会社において、株主総会は耐震偽装問題と同じ構造

　中小会社では、実際には株主総会を開催していない場合が多い。争いがない場合はそれでもよい。税務調査が株主総会を実際に開催しているかどうかを調査しない場合には、それでもよい。しかし、今後は法律ルールを重視する自由競争原理の下で法化社会になることは必定であるから、法律ルールをしっかり守らなければ、痛い目を見る可能性は高くなる。会社の経営を巡って法的紛争に発展した場合には、実際に株主総会を開催していないことを問題視されるし、税務調査の際に実際に株主総会を開いていないで損金算入していれば、株主総会を開いたような偽装書類を作って税額を軽減しているのであるから、少なくとも重加算税の対象となる。

　実際には株主総会を開催しないのに、開催しているような書類を作成しているのは、建築における耐震偽装の問題と同じ構造だと気づかなければならない。法化社会には、そういう問題認識が必要なのである。耐震偽装問題も、実際に大規模な地震がこなければ何の問題もなく終わっていた可能性が高いのであり、株主総会を開催していない場合にも、法的紛争・税務調査という企業活動における大型の地震がなければ、何の問題もなく終わる可能性が高いからである。

　そろそろ、中小会社も、法律がいかに重要なのかに気づいてもよい時期だ。いままではあまりにも無知すぎた。法律事務所に相談するのを単にコストの問題としてきた。そのため、いかに痛い目にあってきたのだろうか。借金を返済できなくなったために、中小会社の経営者の自殺者が多かったが、正しい法律

知識があれば、自殺をしないでも済んだことも少なくなかったはずである。法律の無知がどれだけの不幸をもたらしたことか。これからは知識資本主義の時代であり、知識や知恵が会社経営で重視される傾向になる。その時代に適応するには、法律の知識や知恵を活用する必要が不可欠である。このような時代認識は、経営者の最低条件になってくる。

　会社法の下では、すべての株式会社は原則的に、少なくとも、定時株主総会の開催は必要である。しかも、耐震偽装問題と同様なことを起こさないように、適法に定時株主総会の開催をしなければならない。ここでは、最小限度の株主総会の運営法について触れる。

２：中小会社の機関設計の自由とその選択による差異

　ここで、中小会社とは、全株式について譲渡制限がついた資本金の額が５億円に満たない会社のことをいうことにする。つまり、日本におけるほとんどの中小企業のことである。会社法的にいえば、公開会社でも大会社でもない会社、つまり、非公開中小会社のことである。

1　機関の設計の自由とそれによる影響

　会社法では、中小会社は機関の選択が自由である。株主総会と最低１人の取締役が必要なだけで、あとの機関の設計は自由である。取締役会の設置は任意であり、監査役を置くか置かないかも自由である。また、監査役を置いてもその権限を会計監査に限定することもできる。

　しかし、取締役会を置く場合（以下、取締役会設置会社という）と置かない場合（以下、取締役会非設置会社という）とでは、経営上さまざまな差異が出てくる。同様に、監査役を置く場合（以下、監査役設置会社という）と置かない場合（以下、監査役非設置会社という）とでは、大きな違いが生じることになっている。このような差異が将来において紛争が生じた場合には、決定的な影響をもたらすことになりかねない。

　以下に、取締役会設置会社・取締役会非設置会社及び監査役設置会社・監査

役非設置会社との主要な差異を説明する。

2 取締役会設置会社と取締役会非設置会社との差異
　ここでは、株主総会関連の差異は除くことにする。

	取締役会設置会社	取締役会非設置会社
機関設計関連		
機関設計の選択肢（中小会社）	監査役か会計参与のいずれかの設置が必要	監査役の設置は任意
取締役の員数	3名以上	制限なし
代表取締役の選定	必要	任意
業務執行権限	代表取締役および業務執行取締役	各取締役
株式関連		
株式の譲渡制限	自由	発行するすべての株式につき、譲渡制限が必要
業務執行の決定権限		
譲渡制限株式、譲渡制限新株予約権の譲渡承認機関（会139①・265①）	取締役会（定款による別段の定めは可能）	株主総会（定款による別段の定めは可能）
取締役の競業取引および利益相反取引の承認機関	取締役会	株主総会
取締役の競業取引および利益相反取引の事後報告	必要（会365②）	不要
子会社からの自己株式の取得の決定（会163）。取得条項付株式、取得条項付新株予約権の取得に関する決定（会168①・169②・273①・274②）、株式分割、株式無償割当、新株予約権無償割当の決定（会183②・186③・278③）	取締役会	株主総会

新会社法の下での株主総会の捉え方

計算関連		
中間配当の実施	可能	不可

（出典）鳥飼重和等『非公開会社のための新会社法』商事法務　2005年7月より

3　監査役設置会社と監査役非設置会社との差異

　監査役の設置があるが、その権限が会計監査に限定されている会社（以下、限定監査役設置会社という）は、監査役非設置会社と同じ扱いである。

	監査役設置会社	限定監査役設置会社・監査役非設置会社
株主の取締役会議事録閲覧・謄写請求権	裁判所の許可が必要（会371③）	裁判所の許可は不要（会371②）
取締役の報告義務の対象者	監査役（会357①）	株主
株主による取締役の違法行為差止め請求権の行使要件	当該株式会社に回復することができない損害が生ずるおそれがあるとき（会360③）	当該株式会社に著しい損害が生ずるおそれがあるとき（会360①）
株主による取締役会招集請求権・招集権	なし	取締役が会社の目的外の行為その他法令・定款違反行為をし、またはこれらの行為をするおそれがある場合には請求可能（会367①）。取締役がこれに応じない場合には直接招集権が発生（会367③）。当該取締役会に出席し、意見を述べることもできる（会367④）
定款授権に基づく役員等の責任の一部免除制度	適用あり	適用なし（会426①）

（出典）鳥飼重和等『非公開会社のための新会社法』（前掲）より

3：取締役会設置会社と取締役会非設置会社の株主総会関連における差異

1 株主総会関連の差異

株主総会関連	取締役会設置会社	取締役会非設置会社
株主総会の権限	法定事項のほか、定款で定めた事項に限り、決議することができる	法定事項のほか、会社の組織、運営、管理その他一切の事項について決議することができる
書面投票等を行わない株主総会における招集通知の発出期限	公開会社では2週間前非公開会社では1週間前	定款をもって1週間からさらに短縮可能
書面投票等を行わない株主総会における招集通知の方法	書面または電磁的方法	方法に限定なし
株主の議題提案権の行使要件	①総株主の議決権の1％以上または300個以上の議決権（定款による引下げ可）が必要 ②総会の日8週間前までに行う必要あり	制限なし
株主の議案提案権の行使要件	同上	②の制限のみ
招集通知に示されない議題に関する決議	不可	制限なし
議決権の不統一行使の事前通知	必要（会313②）	不要
定時総会の招集通知の際における計算書類等の提供	必要	不要

（出典）鳥飼重和等『非公開会社のための新会社法』（前掲）より

2 取締役会非設置会社の株主総会

　上記の差異を見れば明らかなように、取締役会非設置会社のほうが、株主総会が簡便にできるようになっている。したがって、会社の経営に関して法的紛

争がない場合には、取締役会非設置会社のほうが楽でよい。

　しかし、経営をめぐる争いが生じた場合、あるいは、そのような争いが潜在化している場合には、取締役会非設置会社では想定外のリスクを負う危険がある。その例を以下に示す。

(1)　招集通知を書面等でしない場合

　会社法では、取締役会非設置会社においては、通常の場合、招集通知は書面等で行わなくてよいことになった。つまり、電話でも、自宅・仕事場を訪ねて口頭でも、道端であったときの会話でも、招集通知ができる。これは簡便である。

　しかし、このように簡便な方法では、後日、法的紛争が生じたときに、招集通知を発したことの証明ができない可能性がある。例えば、大株主の自宅を訪ねて口頭で株主総会の招集通知をしたとする。ところが、その大株主は欠席し、総会後、3か月以内に、株主総会の決議取消訴訟を提訴する場合があり得る。決議の内容を教えられ、そこから紛争が生じる場合などが想定される。その際、招集通知が来ていないと言い張り、招集手続に瑕疵があったというのである。会社は、招集通知を発したことの証明をしなければならないが、そのような紛争になるとは思っていないので、証明に必要な客観的証拠がないのが通常である。

(2)　招集通知で示されていない議題の提案

　取締役会非設置会社では、招集通知に示さない議題を出して総会決議を採ることが可能である。これは取締役からすれば便利である。招集通知を発した後の事情の変更に対応した株主総会決議が可能だからである。

　しかし、株主も総会の議場で取締役が想定していない議題を提出することができる。そのため、次のような紛争が起こることがあり得る。大株主が2派に分かれていたとし、A派が51％の議決権を、B派が49％の議決権を保有していたとする。その結果、取締役会の過半数はA派で占めていた。このA派とB

派は、表面上は協調関係を保ちながら経営参画し会社も成長していた。しかし、B派はA派の経営方針に反対であるが少数派なので我慢をしていた。ところが、あるとき株主総会を開催したところ、A派の株主の一部に欠席者が出て、総会における議決権でB派が過半数を確保できた。そこで、B派は議場でA派取締役を解任する議案と、B派の取締役を選任する議案と提案し、それを可決した。その結果、取締役会の主導権を握ったB派は、A派の株主の一部にB派株主に対して株式譲渡をするように説得をし、それに基づき、当該株式譲渡を取締役会で承認し、多数派を確立した。

　このようなことは十分考えられる。したがって、中小会社で取締役会非設置会社を選択する場合には、法的紛争が想定できない場合やそのような紛争が生じても十分対処できる場合かどうかをよく検討する必要がある。

4：取締役会設置会社における株主総会に関するポイント

　ここでは、取締役会設置会社における株主総会に関するポイントを示す。
　将来において法的瑕疵を問題にされないようにするためのポイントを箇条書きにすると、以下のとおりである。

① 　株主総会は、必ず実際に開催する。
　　　ただし、総会の決議・報告を省略できるときは株主総会を開催しないでもよい。この場合には、全員の同意等の証拠はしっかり作成し、保存しておく必要がある。
② 　招集通知を発したことの証明をできるようにしておく。
③ 　紛争が予想できる状態での総会運営は法的瑕疵がないようにする。
④ 　発言を希望する株主には発言の機会を与える。
⑤ 　議案に対する説明義務違反がないようにする。
⑥ 　動議の処理に問題がないようにする。
⑦ 　法的紛争が想定される場合には、次のような工夫をする。
　　　・会社法に詳しい弁護士に指導を受ける。
　　　・シナリオを作成し、リハーサルの練習をする。

・総会の模様は、ビデオや録音で記録する。

・いわゆる総会検査役の選任を裁判所に申請する。

⑧　法的紛争が想定されない場合でも、将来に備えて最小限の証拠保存は必要である。

第Ⅰ部 新会社法の下での定款変更

第1章
定款自治

第1節　定款自治の拡大

　定款は、株式会社の組織や運営に関する自治規範であり、それが他の諸規定、例えば株式取扱規定や取締役会規定などよりも上位規範であるため、会社の根本規範であるといわれてきた。

　しかし、最高位の自治規範でありながら旧商法下においては、定款の記載が重要であるという認識はほとんどなかったのではないだろうか。会社の現状と大きく乖離をしている定款記載事項であっても、それが放置されているという状況は稀ではなかったように思われる。

　一方、会社法においては、旧商法と比較すると定款自治の範囲が拡大されており、これまで以上に各会社のニーズに合わせた定款を作成することが可能になっている。特に機関設計、種類株式、剰余金分配の制度などは、大幅に規制が緩和されている。機関設計に関しては、取締役会などの機関を設置するか否かも、自治規範である定款によって定めることになっているし、種類株式については、これまで以上に多様な設計が可能となっており、資金調達だけではなく敵対的買収防衛策としての利用も期待されているところである。また、剰余金分配に関しても、取締役の任期を1年以内にするなどの条件はあるが、取締役会の決議に基づき何度でも剰余金の配当を行うことが可能である上、剰余金の配当決議を取締役会の専決事項とすることも可能となっている。このように会社法では、旧商法と比較すると大きく定款自治の範囲が拡大されており、当該会社の規模や置かれている状況などにあわせて定款の規定を変更することが

これまで以上に重要になったといえるだろう。

第2節　定款記載事項

　定款の記載事項は、絶対的記載事項、相対的記載事項、及び任意的記載事項の三つからなる。絶対的記載事項は、その事項を定款に必ず記載しなければならない事項であり、その記載を欠くと定款自体の効力が否定されてしまう記載である。相対的記載事項は、定款に記載しなくても定款自体の効力は有効であるが、定款で定めないとその効力が認められない記載である。任意的記載事項は、定款に記載せずとも効力の発生を認められるが、特に明確性の見地から定款規定とされる記載（会社法の規定に違反しない範囲に限定される）である。

1：絶対的記載事項の確認

　会社法においては、当初の定款の絶対的記載事項は以下の5つである（会27）。

① 目的
② 商号
③ 本店の所在地
④ 設立に際して出資される財産の価額またはその最低額
⑤ 発起人の氏名または名称および住所

　また、会社の成立を期限として、⑥発行可能株式総数が絶対的記載事項となる（会37①）。

　会社法における絶対的記載事項は、旧商法におけるものと大きくは異ならないが、④については、従来「会社の設立に際して発行する株式の総数」（旧商166①六）と定められていたものが、平成14年改正によって額面株式が廃止されるなど、資本と株式の関係が切断されたことを受けて、より直接的に設立時に出資される財産の価額またはその最低額を定款に記載するものとされたものである。また、発行可能株式総数が会社の成立時点での絶対的記載事項とされたのは、発行可能株式総数の決定時期を会社の成立時まで延ばすことによって、設立時までの諸事情を考慮し、授権資本株式数を決定しようとしたものである。

なお、旧商法においては「会社が公告を為す方法」も絶対的記載事項であったが、会社法においては相対的記載事項とされている。

2：相対的記載事項の拡大

会社法においては、相対的記載事項が大幅に増えている。これらは定款による自治の範囲を拡大させたものであって、各会社の実態に合わせた定款変更が望まれる点である。これらについては、それぞれの定款のモデルを提示するとともに、定款を定めることによって得られる実務上の影響について説明をしたい。

1 共通の相対的記載事項
① 株券を発行する旨の定め（会214）
② 株式の一部の譲渡制限（会108①四）
③ 特定の株主から自己株式を取得する場合の他の株主の売主追加指定請求権の排除（会164）
④ 株主総会、取締役以外の機関の設置（会326②）
⑤ 社外取締役、会計参与、社外監査役または会計監査人との責任限定契約（会427）
⑥ 剰余金の配当等を取締役会が決定する旨の定め（会459）
⑦ 配当等を取締役会決議事項とした場合の当該事項を総会決議事項からはずす旨の定め（会460）
⑧ 決議要件の加重、通知の発出期間等の短縮（会309・会299）
⑨ 少数株主権、訴え等の請求権の要件緩和、取締役等の行為差止め、責任追及の訴えの要件の持株継続期間の緩和（会303・会360・会422・会847）
⑩ 会社の公告方法（従前は絶対的記載事項、官報以外とする場合のみ必要）（会939）

② 非公開会社に特有の相対的記載事項
　① 新株予約権または目的たる株式に譲渡制限がついている場合の募集新株予約権または募集株式の割当ての決定を取締役（または取締役会）の決定としたい場合の定め（会241③一、二）
　② 譲渡承認の決定機関を株主総会（取締役会）以外の機関とする場合の機関の定め（会139）
　③ 指定買受人を株主総会（取締役会）によらず、あらかじめ指定する場合の指定人の定め（会140⑤ただし書）
　④ 新株予約権または株式の募集事項の決定を取締役（または取締役会）の決定としたい場合の定め（会241③一、二）
　⑤ 取締役が株主でなければならない旨の定め（会331②）
　⑥ 取締役、監査役の任期の伸長（最長10年）（会332、336）
　⑦ 監査役の監査範囲を会計監査に限定する旨の定め（会389）

3：任意的記載事項

　従来まで定款の任意的記載事項として、定時株主総会招集時期、株主総会の議長、取締役・監査役の員数、除斥期間などの記載がなされてきた。これらは明文規定によった規定ではなく、会社が自治規範として任意に定めているものである。今後、定款自治の範囲の拡大にともない、任意的記載がこれまで以上に柔軟に行われる可能性もあると思われる。

　もっとも、任意的記載事項であっても強行法規に抵触するような記載は許されない。この点について会社法第29条は、会社法の規定はすべて強行法規であることを前提に解釈すべきであるとの指摘もなされており（相澤哲・郡谷大輔著「新会社法の解説(1)会社法制の現代化に伴う実質改正の概要と基本的な考え方」旬刊商事法務1737号16ページ）、一定の制約を受けることになる。

第2章 新法施行により影響を受ける定款記載事項

第1節　公開会社の場合の定款記載例

第1章　総則

（商号）
第1条　当会社は、〇〇〇〇株式会社と称し、英文では、〇〇〇〇〇〇と表示する。

（目的）
第2条　当会社は、次の事業を営むことを目的とする。
　1　〇〇〇〇〇
　2　〇〇〇〇〇
　3　前各号に付帯関連する一切の事業

（本店の所在地）
第3条　当会社は本店を東京都〇〇区に置く。

（公告方法）
第4条　当会社の公告は、〇〇新聞に掲載する方法により行う。

第2章　株式

（発行可能株式総数）
第5条　当会社の発行可能株式総数は、〇〇万株とする。

（自己の株式の取得）
第6条　当会社は、会社法第165条第2項の規定により、取締役会の決議によって同条第1項に定める市場取引等により自己の株式を取得することができる。

（株券の発行）
第7条　当会社は、株式に係る株券を発行する。
（単元株式数及び単元未満株券の不発行）
第8条　当会社の単元株式数は、1,000株とする。
②　当会社は、単元株式数に満たない株式（以下、「単元未満株式」という）に係る株券を発行しない。ただし、株式取扱規程に定めるところについてはこの限りではない。
③　当会社の単元未満株式を有する株主（実質株主を含む。以下同じ。）は、単元未満株式について会社法第189条第2項に掲げる権利以外の権利を行使できない。
（単元未満株式の売渡請求）
第9条　当会社の単元未満株式を有する株主は、株式取扱規程に定めるところにより、その単元未満株式の数と併せて単元株式となる数の株式を売り渡すことを請求することができる。
（基準日）
第10条　当会社は、毎年3月31日の最終の株主名簿（実質株主名簿を含む。以下同じ。）に記載または記録された議決権を有する株主をもって、その事業年度に関する定時株主総会において権利を行使することができる株主とする。
②　前項のほか、必要があるときは、取締役会の決議によりあらかじめ公告して臨時に基準日を定めることができる。
（株式名簿管理人）
第11条　当会社は、株主名簿管理人を置く。
②　株主名簿管理人及びその事務取扱場所は、取締役会の決議によって選定し、これを公告する。
③　当会社の株主名簿、株券喪失登録簿及び新株予約権原簿の作成ならびに備置きその他の株主名簿、株券喪失登録簿及び新株予約権原簿に関する事務は、これを株主名簿管理人に取り扱わせ、当会社においては取り扱わない。
（株式取扱規定）
第12条　当会社の株券の種類ならびに株式の名義書換、単元未満株式の買取り及び売渡し、その他株式に関する取扱い及び手数料は、法令または本定款のほか、取締役会において定める株式取扱規程による。

第3章　株主総会

（招集）
第13条　当会社の定時株主総会は、毎年6月にこれを招集し、臨時株主総会は、必要あるとき随時これを招集する。
（招集権者及び議長）
第14条　株主総会は、取締役社長がこれを招集し、議長となる。
②　取締役社長に事故があるときは、取締役会においてあらかじめ定めた順序に従い、他の取締役が株主総会を招集し、議長となる。
（株主総会参考書類等のインターネット開示とみなし提供）
第15条　当会社は、株主総会の招集に際し、株主総会参考書類、事前報告、計算書類及び連結計算書類に記載または表示をすべき事項に係る情報を、法務省令に定めるところに従いインターネットを利用する方法で開示することにより、株主に対して提供したものとみなすことができる。
（決議の方法）
第16条　株主総会の決議は、法令または本定款に別段の定めがある場合を除き、出席した議決権を行使することができる株主の議決権の過半数をもって行う。
②　会社法第309条第2項に定める決議は、議決権を行使することができる株主の議決権の3分の1以上を有する株主が出席し、その議決権の3分の2以上をもって行う。
（議決権の代理行使）
第17条　株主は、当会社の議決権を有する他の株主を代理人として、その議決権を行使することができる。
②　株主または代理人は、株主総会毎に代理権を証明する書面を当会社に提出しなければならない。
（議事録）
第18条　株主総会における議事の経過の要領及びその結果ならびにその他法令に定める事項については、これを議事録に記載または記録する。

第4章　取締役および取締役会

（員数）
第19条　当会社の取締役は、○○名以内とする。
（選任方法）
第20条　取締役は、株主総会の決議によって選任する。

② 取締役の選任決議は、議決権を行使することができる株主の議決権の3分の1以上を有する株主が出席し、その議決権の過半数をもって行う。
③ 取締役の選任決議は、累積投票によらないものとする。
(解任決議)
第21条 取締役の解任決議は、議決権を行使することができる株主の議決権の過半数を有する株主が出席し、その議決権の3分の2以上をもって行う。
(任期)
第22条 取締役の任期は、選任後1年以内に終了する事業年度のうち最終のものに関する定時株主総会の終結の時までとする。
(取締役会の設置)
第23条 当会社は、取締役会を置くものとする。
(代表取締役及び役付取締役)
第24条 代表取締役は、取締役会の決議により選定する。
② 取締役会の決議により、取締役会長、取締役社長各1名、取締役副社長、専務取締役、常務取締役各若干名を定めることができる。
(取締役会の招集権者及び議長)
第25条 取締役会は、法令に別段の定めがある場合を除き、取締役会長がこれを招集し、議長となる。
② 取締役会長に欠員または事故があるときは、取締役社長が、取締役社長に事故があるときは取締役会においてあらかじめ定めた順序に従い、他の取締役が取締役会を招集し、議長となる。
(取締役会の招集通知)
第26条 取締役会の招集通知は、会日の3日前までに各取締役及び各監査役に対して発する。ただし、緊急の必要があるときは、この期間を短縮することができる。
② 取締役及び監査役の全員の同意があるときは、招集の手続を経ないで取締役会を開くことができる。
(取締役会の決議方法等)
第27条 取締役会の決議は、議決に加わることができる取締役の過半数が出席し、その過半数をもって行う。
② 当会社は、会社法第370条の要件を充たしたときは、取締役会の決議があったものとみなす。
(取締役会の議事録)

第28条　取締役会における議事の経過の要領及びその結果ならびにその他法令に定める事項については、これを議事録に記載または記録し、出席した取締役及び監査役がこれに記名押印または電子署名を行う。
（取締役会規程）
第29条　取締役会に関する事項は、法令または本定款のほか、取締役会において定める取締役会規程による。
（報酬等）
第30条　取締役の報酬、賞与その他の職務執行の対価として当会社から受ける財産上の利益（以下、「報酬等」という）は、株主総会の決議によって定める。
（取締役の責任免除）
第31条　当会社は、会社法第426条第1項の規定により、任務を怠ったことによる取締役（取締役であった者を含む）の損害賠償責任を法令の限度において取締役会の決議によって免除することができる。
②　当会社は、会社法第427条第1項の規定により、社外取締役との間に、任務を怠ったことによる損害賠償責任を限定する契約を締結することができる。ただし、当該契約に基づく責任の限度額は、〇〇万円以上であらかじめ定めた金額と法令が規定する額のいずれか高い額とする。

第5章　監査役及び監査役会

（監査役及び監査役会の設置）
第32条　当会社は、監査役及び監査役会を置く。
（員数）
第33条　当会社の監査役は、〇名以内とする。
（選任方法）
第34条　監査役は、株主総会において選任する。
②　監査役の選任決議は、議決権を行使することができる株主の議決権の3分の1以上を有する株主が出席し、その議決権の過半数をもって行う
（任期）
第35条　監査役の任期は、選任後4年以内に終了する事業年度のうち最終のものに関する定時株主総会終結の時までとする。
②　任期の満了前に退任した監査役の補欠として選任された監査役の任期は、退任した監査役の任期の満了する時までとする。

（常勤の監査役）
第36条　監査役会はその決議において常勤の監査役を選定する。
（監査役会の招集通知）
第37条　監査役の招集通知は、会日の3日前までに各監査役に対して発する。ただし、緊急の必要があるときは、この期間を短縮することができる。
②　監査役全員の同意があるときは、招集の手続きを経ないで監査役会を開くことができる。
（監査役会の決議方法）
第38条　監査役会の決議は、法令に別段の定めがある場合を除き、監査役の過半数をもって行う。
（監査役会の議事録）
第39条　監査役会における議事の経過の要領及びその結果ならびにその他法令に定める事項については、これを議事録に記載または記録し、出席した監査役がこれに記名押印または電子署名を行う。
（監査役会規程）
第40条　監査役会に関する事項は、法令または本定款のほか、監査役会において定める監査役会規程による。
（報酬等）
第41条　監査役の報酬等は、株主総会の決議によって定める。
（監査役の責任免除）
第42条　当会社は、会社法第426条第1項の規定により、任務を怠ったことによる監査役（監査役であった者を含む）の損害賠償責任を、法令の限度において、取締役会の決議によって免除することができる。
②　当会社は、会社法第427条第1項の規定により、社外監査役との間に、任務を怠ったことによる損害賠償責任を限定する契約を締結することができる。ただし、当該契約に基づく責任の限度額は〇〇万円以上で、あらかじめ定めた金額または法令で規定する額のいずれか高い額とする。

第6章　会計監査人

（会計監査人の設置）
第43条　当会社は、会計監査人を置く。
（会計監査人の選任）

第44条　会計監査人は、株主総会の決議によって選任する。
（会計監査人の任期）
第45条　会計監査人の任期は、選任後1年以内に終了する事業年度のうち最終のものに関する定時株主総会の終結の時までとする。
②　会計監査人は、前項の定時株主総会において別段の決議がされなかったときは、当該定時株主総会において再任されたものとみなす。
（会計監査人の報酬等）
第46条　会計監査人の報酬等は、代表取締役が監査役会の同意を得て定める。
（会計監査人の責任免除）
第47条　当会社は、会社法第427条第1項の規定により、会計監査人との間に、任務を怠ったことによる損害賠償責任の限定をする契約を締結することができる。ただし、当該契約に基づく賠償責任の限度額は、○○万円以上であらかじめ定めた金額または法令が規定する額のいずれか高い額とする。

　　　　　　　　　　第7章　計算

（事業年度）
第48条　当会社の事業年度は、毎年4月1日から翌年3月31日までの1年とする。
（剰余金の配当）
第49条　当会社は、剰余金の配当等会社法第459条第1項各号に定める事項については、法令に別段の定めのある場合を除き、株主総会の決議によらず、取締役会の決議によって定める。
（剰余金の配当の基準日）
第50条　当会社の期末配当の基準日は、毎年3月31日とする。
②　当会社の中間配当の基準日は、毎年9月30日とする。
③　前2項のほか、基準日を定めて剰余金の配当をすることができる。
（中間配当）
第51条　配当財産が金銭である場合は、その支払開始の日から満3年を経過してもなお受領されないときは、当会社は、その支払義務を免れる。

第2節　各条項の解説（公開会社）

[1：商号]

現　行	変更後
（商号） 第○条　当会社は、○○○○株式会社と称し、英文では、○○○○○○と表示する。	第○条　〔現行通り〕

　会社の商号は、旧商法と同様に絶対的記載事項であり（会27二）、かつ登記事項でもある（会911③二）。定款の記載内容自体については、旧商法から会社法へ変更されても特段変更する点はない。

[1]　会社の種類の表示

　会社は、各会社の種類に従って、それぞれ商号の中に株式会社、合名会社、合資会社、合同会社の文字を商号に用いなければならない（会6②）。また、銀行や保険など、一定の業を営む場合には、各業法によって銀行、保険、証券などの文字を商号に用いなければならない（銀行法6①、保険業法7①、証31①）。
　このように商号の中には、各会社の種類に応じた文字を入れなければならず、他の種類の会社であると誤認されるような文字を商号の中には用いてはならない（会6③）。また、会社ではない者が商号の中に会社であることを誤認させるような記載をすることも禁止されている（会7）。

[2]　類似商号規制の廃止

　商号に関しては、会社法では、旧商法下の類似商号の規制が廃止されたことに注意しなければならない。旧商法では、他人がすでに登記している商号を同一市町村内において同一の営業を目的とする会社の商号として使用することが禁止され（旧商19）、仮にそのような商号を使用した場合には不正の競争の目的を有するものと推定されていた（旧商20②）。また、商業登記法においては、同一市町村において同一の営業のために他人が登記した商号と判然区別するこ

とができない商号の登記はできないとされていた（旧商業登記法27）。

　しかし、このような類似商号の規制については以下の理由から会社法においては廃止されている。

　すなわち、会社が同一市町村内だけで営利活動を行うことなどは通常あり得ず、従来のように商号の規制を市町村単位で行っても、商号の保護効果は限定的であるし、会社を設立する際に、使用しようとする商号の登記がすでに為されているか否かを事前に調査しなければならないのは、迅速な会社設立を困難にしているとの指摘もなされており、類似商号の規制により守られる利益よりも弊害の方が大きいとされ廃止されたのである。

　したがって、会社法の下では、同一市町村でかつ同一の営業を営む場合であっても、他人がすでに使用している商号を利用することができるようになった。これにより、例えば全く実体のない休眠会社がある商号を使用しているがゆえに、使いたい商号を利用できないという不都合は解消されることになると思われる。そして、商号の登記に関しても、同一住所の場合のみ同一の商号の登記が行えないものとされた（商業登記法27）。

③　商号の保護手段

　類似商号の規制は廃止されたが、不正の目的で、他人の商号を利用することができないのは当然である（会8①）。仮に、不正の目的で他人の称号を使用すれば、民法上の不法行為（民法709）が成立するはずであるし、そのような不正な商号の利用によって営業上の利益を侵害されたり、侵害されるおそれがある会社は、侵害の停止と予防を請求することもできるとされている（会8②）。さらに、不正競争防止法上の差止請求や損害賠償請求などによる保護の余地も十分にある（不正競争防止法3、4）。

2：目的

現　行	変更後
（目的） 第○条　当会社は、次の事業を営むことを目的とする。 　1　○○○○○ 　2　○○○○○ 　3　前各号に付帯関連する一切の事業	第○条　〔現行通り〕

　会社の目的は、旧商法と同様に絶対的記載事項であり（会27一）、かつ登記事項でもある（会911③一）。定款の記載内容については、旧商法から会社法へ変更されても特段の変更の必要はない。

1　目的の記載が果たす機能

　法人は、定款で定められた目的の範囲内で権利を有し義務を負うため（民43）、目的の記載内容が当該会社の営利活動の範囲を画することになるのが原則である。また、会社が不法な目的の下に設立をされた場合には、解散命令の対象にもなる（会824①一）。その他にも取締役の競業取引（会356①一）、取締役の行為の差止め請求（会360①）などにおいても、目的の範囲であるか否かにより法律効果の発生に違いが生じる。

　さらに、旧商法においては、1：商号の解説において述べたように、類似商号の規制が、目的の規制要素をも加味して行われてきたため、類似商号規制に服するか否かのメルクマールとなっていた。この点、特に登記実務においては、類似商号規制の観点から目的をできるだけ明確かつ具体的に記載することが求められ、一方で、登記を申請する側でも他社と同一目的を記載し、商号使用の制限を受けることを回避するために、必要以上に目的の記載を詳細に記載するような例も見受けられた。

2 目的の記載の具体性

目的の記載には以上のような意味での機能が認められたが、その機能は限定的なものとなりつつある。

まず、会社の権利能力の範囲については、「記載された目的自体に包含されない行為であっても、目的遂行に必要な行為は、目的の範囲に属する」とした判例（最判昭和27年2月15日）によって広く柔軟に解されるに至っており、目的の記載によって会社の権利能力の範囲が一義的に画されるということはなくなっている。また、1：商号において述べたように、類似商号規制が廃止されており、例えば、設立の際の商号使用の可否を検討するために目的の記載を審査するということも必要なくなっているのである。

会社の目的をどのように記載するかについては、これまで以上に各会社ごとの意思に委ねられ、例えば従来は許されなかった「商業」だとか「商取引」といったような抽象的・包括的な目的の記載が許されることになると考えられている。

また、類似商号規制の廃止によって、会社が目的の記載を変更あるいは追加する場合の法務局における審査も目的の明確性・具体性についての審査を行わないこととなれば、これまで以上に迅速な登記が可能となる。

3：本店の所在地

現　行	変更後
（本店の所在地） 第○条　当会社は、本店を東京都○○区に置く。	第○条　（現行通り）

本店の所在地は、定款の絶対的記載事項であり（会27①三）、かつ登記事項である（会911③三）。

会社の本店とは、会社の主たる営業所のことであり、会社の住所はその本店所在地にあるものとされる（会4）。会社の本店所在地は、会社の住所となるため、訴訟事件や非訟事件の管轄を有することになる（民事訴訟法4）。また、

会社法上も定款、取締役会議事録、計算書類等を本店所在地に備え置かなければならず（会31①、371①、442①）、本店の所在地は重要な意義を有することになる。

そのため、本店の所在地は定款に記載をし、かつ登記を行わなければならないとされているのである。

なお、会社法第27条第三号の本店の「所在地」とは、独立の最小行政区画をいい、定款には市町村区までの記載をすれば足りる。一方、会社法第911条第3項第三号の「所在場所」については「所在地」よりもさらに詳細な記載を要求していると考えられ地番までの記載が必要となる。

4：公告の方法

現　行	変更後
（公告の方法） 第○条　当会社の公告は、○○新聞に掲載する。	（公告方法） 第○条　当会社の公告は、○○新聞に掲載**する方法により行う。**

公告の方法は、旧商法においては絶対的記載事項であったが（旧商166①九）、会社法においては相対的記載事項とされている（会939①）。なお会社法においても公告の方法は登記事項である（会911③二十八）。

定款の記載については、会社法第939条第1項の文言に合わせた形式的変更を行っているものである。

1　すべての種類の会社の公告の方法

会社は、定款に記載することによって、公告の方法を次の3つの方法から選択することができる（会939①）。

① 　官報に掲載する方法
② 　時事に関する事項を掲載する日刊新聞紙に掲載する方法
③ 　電子公告

なお、定款によって以上の3つのうちいずれかの方法を選択しない場合には、

官報に掲載する方法によるものとされる（会939④四）。

　公告の方法について特に注意すべきは、会社法第939条第1項がすべての種類の会社を対象にしている点である。旧商法においては、有限会社、合名会社および合資会社は、合併等の債権者保護手続において、官報公告に加えて個別催告を省略するための公告を行う場合を除き、公告方法は限定されておらず、公告方法についての定款への記載も登記も要求されていなかった（旧商100⑧、147、有限会社法88③）。また、外国会社についても、設立準拠法の規定による公告の方法を登記すること（旧商479②）、いわゆる電磁的告示（旧商483の2②、283⑦前段）によることとする場合を除き、決算公告の方法として、官報、日刊新聞紙または電子広告のいずれかを登記すべきこととされる（旧商479③、483条の2①・②）など、会社の種類によって公告の方法に差異が見られたが、これが解消されている。

　日刊新聞紙については、全国紙からでも地方紙からでも自由に選択することができるが、特に東京証券取引所などに上場している会社については公告掲載紙を日刊新聞紙の全国版として、公告事項の周知徹底をはかっている。

② 電子公告制度を採用する場合

現　行	変更後
（公告の方法） 第○条　当会社の公告は、電子公告により行う。ただし、事故その他やむを得ない事由により電子公告によることができないときは、○○新聞に掲載する。	（公告方法） 第○条　当会社の公告は、電子公告により行う。ただし、事故その他やむを得ない事由により電子公告によることができないときは、○○新聞に**掲載する方法により行う**。

　電子公告とは、公告方法のうち、電磁的方法（電子情報処理組織を使用する方法その他の情報通信の技術を利用する方法であって法務省令に定めるものをいう）により不特定多数の者が公告すべき内容である情報の提供を受けることができる状態に置く措置であって法務省令で定めるものをとる方法である（会2三十

四)。

　電子公告制度を採用する場合には、電子公告を公告方法とする旨を定めれば足り、アドレスなどの記載をする必要はない。ホームページのアドレスまでも定款記載事項とすると定款変更手続が必要以上に煩雑になることに配慮したものである（会939③）。また、電子公告を採用する場合には、事故その他やむを得ない事由によって電子公告による公告をすることができない場合の公告方法として、①官報に記載する方法か、②時事に関する事項を掲載する日刊新聞紙に掲載する方法のいずれかを定めることができる（会939③）。

　電子公告を採用する場合、当該公告の種類に応じてそれぞれ定められた期間が経過するまでの間、継続して公告をしなければならない（会940①各号）。

① 　会社法の規定により特定の日の一定の期間前に公告しなければならない場合における当該公告：当該特定の日
② 　定時株主総会終結後に行う貸借対照表（大会社にあっては貸借対照表及び損益計算書）の公告：定時株主総会の終結の日から5年間を経過する日
③ 　公告に定める期間内に異議を述べることができる旨の公告：当該期間を経過する日
④ 　上記①〜③以外の公告：当該公告の開始後1か月を経過する日

　なお、電子公告を採用する場合であっても、ホームページのメンテナンス、システム上の問題などによってホームページでの公告を一時的に中断せざるを得ない場合も生じる。そこで、以下のすべての要件を充たす場合には公告の中断があった場合でも公告の効力に影響を及ぼさないこととされている（会940③）。

① 　公告の中断が生ずることにつき、会社が善意でかつ重大な過失がないことまたは会社に正当な事由があること。
② 　公告の中断が生じた時間の合計が公告期間の10分の1を超えないこと。
③ 　会社が公告の中断が生じたことを知った後速やかにその旨、公告の中断が生じた時間及び公告の中断の内容を当該公告に付して公告したこと。

　さらに、電子公告を行う場合には、会社は、定時株主総会後のいわゆる決算

公告以外の公告については、公告期間中、当該公告の内容である情報が不特定多数の者が提供を受けることができる状態に置かれているかどうかについて、法務大臣の登録を受けた調査機関に対し、調査を求めなければならないとされている（会941）。

5：株式

1 発行可能株式総数

現　行	変更後
第2章　株式 （株式の総数） 第○条　当会社が発行する株式の総数は、○○万株とする。ただし、株式消却が行われた場合にはこれに相当する株式数を減ずる。	第2章　株式 **（発行可能株式総数）** 第○条　当会社**の発行可能株式総数**は、○○万株とする。

発行可能株式総数は、旧商法と同様に絶対的記載事項であるが（会37）、会社法では、本店の所在地において設立の登記を行うまでに定款に記載すれば足りる（会37、49）。また発行可能株式総数は登記事項でもある（会911③六）。

(1) 発行可能株式総数の4倍ルール

発行株式総数は、いわゆる授権株式の総数を定めたものである。会社法は、市場の動向などに応じて、新株発行による機動的な資金調達を可能とするために、取締役会等の決議によって新株を発行することを認めている（会200①、201①）。しかし、上限のない新株発行の権限を取締役会等に授権すると濫用の危険があるうえ、株主の持株比率維持の利益を害することとなる。そこで、発行可能株式総数は発行済株式総数の4倍以内でなければならないとするいわゆる4倍ルールが定められている。すなわち、設立時に発行する株式の総数は発行可能株式総数の4分の1を下ることはできず（会37③）、定款を変更して発行可能株式総数を増加させる場合にも発行済株式総数の4倍を超える変更はする

ことができない（会113③）。

　もっとも、すべての株式に譲渡制限が付された非公開会社の場合には、株主の持株比率を変動させるような第三者割当を行うためには株主総会の特別決議が要求されており（会199、200）、この点で株主の持株比率維持の利益は保護されているため、上記のような4倍ルールは非公開会社には適用がない（会37③ただし書、113③ただし書）。

　また、株式分割の場合には株主の持株比率に変動はないため、発行済株式総数が発行可能株式総数を上回るような株式分割を行うことも認められており、株式分割を行った場合には発行可能株式総数に分割比率を乗じた数を超えない範囲での発行可能株式総数を増加させる定款変更を取締役会等の決議によってなすことができるとされている（会184②）。

(2)　自己株式を消却した場合の発行可能株式総数

　株式の消却や株式の併合がなされた場合、発行済株式総数が減少するだけでなく、発行可能株式総数までもが減少するか否かについては旧商法の下においては争いがあった。旧商法下での実務では、発行可能株式総数は、取締役会に対し、発行可能株式総数分だけの株式発行権限を授権したものであると解し、一度株式を発行することによってその権限を使用した以上、同じ授権枠を利用することはできないと考えられてきた。そのため、登記実務においても、発行済株式総数の減少とともに発行可能株式総数の減少の登記まで行われてきた。

　しかし、会社法においては株式の消却あるいは株式の併合がなされた場合であっても、発行可能株式総数は減少しないものと考えられている。会社法は、株主総会の決議によらずに定款変更の効力が認められる場合には逐一明文規定を置いているうえ（会184②、191）、他の法律効果の発生により定款変更がされたとみなす必要がある場合においても逐一明文で規定が設けられている（会112①、608③、610）が、株式の消却あるいは併合の場合には、そのような規定がないからである。

　よって、株式の消却が行われた場合には、発行可能株式総数を減少させる旨

の定款の記載は削除する必要がある。なお、会社法では、発行可能株式総数という用語が使用されているので、その点の記載の変更を行うことが望ましい。

(3) 種類株式を発行する場合の発行可能株式総数

現　行	変更後
第2章　株式 （株式の総数） 第〇条　当会社が発行する株式の総数は、〇〇万株とし、このうち、〇〇株は普通株式、〇〇株は〇種類株式とする。	第2章　株式 （**発行可能株式総数**） 第〇条　当会社**の発行可能株式総数**は、〇〇万株とし、このうち、〇〇株は普通株式、〇〇株は〇種類株式とする。

種類株式を発行する場合には、発行可能種類株式総数についても定款で定めなければならない（会108②）。発行可能種類株式総数は登記事項でもある（会911③七）。

発行可能株式総数と発行可能種類株式総数に関しては、上記以外は特に規制がなされておらず、発行する各種種類株式の総数が発行可能株式総数を上回ることもできると考えられている。例えば、取得請求権付種類株式などにおいて、取得請求権が行使される時期が異なることによって交付される株式の種類が異なる場合などは、各種の発行可能種類株式総数の合計数が発行可能株式総数を上回る場合もあり得ることとなる。

2　自己株式の取得

現　行	変更後
（自己株式の取得） 第〇条　当会社は、商法第211条ノ3第1項二号の規定により、取締役会の決議をもって自己株式を買い受けることができる。	（**自己の株式の取得**） 第〇条　当会社は、**会社法第165条第2項**の規定により、取締役会の決議**によって同条第1項に定める市場取引等により自己の株式**

|　　　　　　　　　　　　　　　　　　　　を取得することができる。　　　　　|

　株主総会決議を経ずに取締役会の決議によって自己株式を取得する旨の記載は相対的記載事項である。上記は会社法の条数の変更と、明文の文言に忠実に定款の記載を変更したものである。

(1) 会社法の下での自己株式の取得方法
　会社法において単元未満株主からの買取請求など特殊な場合（会155）以外に自己株式を取得する方法は3つある。①株主総会の決議に基づきすべての株主から自己株式の譲渡の申込みを受け付け、買付数を超過する場合には按分で自己株式を取得する方法（会156～159）、②株主総会の決議に基づき特定の株主から自己株式を取得する方法（会160～164）、③上記のモデルにあるように定款によって自己株式の取得権限を株主総会から取締役会に授権をし、取締役会の決議に基づき市場買付あるいは公開買付によって自己株式を取得する方法（会165）である。
　会社が自己株式を取得する場合、市場に流通する株式の総数が減少するため、自己株式の取得は、実質的には株主に対する剰余金の配当と実質的に同じ効果を有する。そのため自己株式の取得には財源規制が為され（会461①）、自己株式の取得の権限を原則として株主総会に認めた。また、一部株主からのみ自己株式を取得する場合には、株主間の不公平をきたし、また会社支配目的で利用される危険性があるなど不都合もあるため、原則としてすべての株主から譲渡し請求が行えるようにされている。
　上記①での自己株式の取得の手順は以下のとおりである。
　株主総会決議によって、①取得する株式の数、②株式を取得するのと引換えに交付する金銭等の内容及びその総額、③株式を取得することができる期間を定める（会156①）。なお、この決議は旧商法の場合と異なり臨時株主総会においても決議できる（旧商210②一）。
　次に取締役会決議によって、①取得する株式の数、②株式一株を取得するの

と引換えに交付する金銭等の内容及び数もしくは額またはこれらの算定方法、③株式を取得するのと引換えに交付する金銭等の総額、④株式の譲渡の申込みの期日を決定する（会157①）。

そのうえで、取締役会の決議を株主に通知し、自己株式の譲渡しを希望する株主は、申込みの期日までに、譲渡を希望する株式の数を明らかにして申込みを行う（会159①）。そして、取締役会が設定した申込期日に株主の譲渡の申込みを会社が承諾したものとされ、自己株式の取得につき合意する。

次に上記②での自己株式の取得の手順は以下のとおりである。

株主総会で会社法第156条第1項の決議を行う際に、その後になされる会社法第158条第1項の決議の通知を特定の株主に対してのみ行うことについても決議を行い、かかる決議に基づき特定の株主からのみ自己株式の譲渡の申込みを受け、それを取得する。この手続では、特定の株主のみから株式を取得することとなり、株主間の不公平などの不都合が生じる虞があるため、他の株主には会社法第160条第1項の特定の株主に自分を追加するように請求できる権利を認め（会160③）、会社は株主に対しそのような請求ができることを会社法第156条第1項の株主総会の日の2週間前までに株主に通知しなければならないとされ（会160②、会規28）。もっとも、市場価格がある株式でありかつ取得価格が市場価格を上回らない場合には、株主には会社に譲け渡す以外にも市場で売却することが可能であるので、会社法第160条第3項の請求は行えない（会161）。また、会社法第160条第2項及び同条第3項の規定は定款によって排除することが可能であるが（会164①）、すでに株式を発行している場合には株主全員の同意を必要とするため公開会社がそのような定款の定めを置くことは事実上困難であろう（会164②）。

次に上記③の方法は、自己株式の取得権限を定款によって取締役会に授権するものである。取締役会設置会社は、取締役会の決議によって自己株式を市場取引等によって取得できる旨を定めることができる（会165②）。

取締役会は、本来であれば株主総会が定める会社法第156条第1項各号の各事由を定めたうえで、市場取引等によって自己株式を取得することができる。

新法施行により影響を受ける定款記載事項

③ 株券の発行

現　行	変更後
〔新設〕	（株券の発行） 第○条　当会社は、株式に係る株券を発行する。

　定款の相対的記載事項（会214）であり、登記事項である（会911③十）。

　株券の発行については、平成16年改正前の商法では株主からの申し出があれば株券を不発行できる株券不所持制度があり、平成16年改正によって定款に定めることにより株券を不発行とすることを可能とする株券不発行制度が採用されていた。会社法では、それをさらに一歩進め、株券の不発行を原則とし、株券を発行するためには定款の定めが必要としたものである（会214）。

　なお、株券不発行制度を採用していない会社は、整備法第76条第4項によって、株券を発行する旨の定めがあるものと看做される。

④ 単元株制度

現　行	変更後
（1単元の株式数及び単元未満株券の不発行） 第○条　当会社の1単元の株式の数は、1,000株とする。 ②　当会社は、1単元の株式の数に満たない株式（以下「単元未満株式」という）に係る株券を発行しない。ただし、株式取扱規程に定めるところについてはこの限りではない。 ③　〔新設〕	（単元株式数及び単元未満株券の不発行） 第○条　当会社の**単元株式数**は、1,000株とする。 ②　当会社は、**単元株式数**に満たない株式（以下「単元未満株式」という）に係る株券を発行しない。ただし、株式取扱規程に定めるところについてはこの限りでない。 ③　当会社の単元未満株式を有する株主（実質株主を含む。以下同じ。）は、単元未満株式につい

第1部：新会社法の下での定款変更

| | て会社法第189条第2項に掲げる権利以外の権利を行使できない。 |

　単元株制度を採用する旨の記載は相対的記載事項（会188①）であり、かつ登記事項である（会911③八）。また、単元未満株式の株券を発行しない旨の定めは相対的記載事項である（会189③）。

(1)　端株制度の廃止
　旧商法下においては、単元株制度と端株制度という内容の類似した制度が並存していた。
　単元株制度とは、株主管理コストの合理化の観点から、一定の数の株式を1単元とし、1単元ごとに株主総会または種類株主総会において1個の株主権を認める制度である。
　一方、端株制度とは、昭和56年の商法改正によって1株の額面額が5万円に引き上げられ、1株に満たない端数のもつ価値が無視し得ないものとなったため、1株の100分の1の整数倍に相当する部分を端株として利益配当などの自益権を認めたものである（旧商220～220ノ7）。
　このようにこれら二つの制度は、出資単位の小さい者に議決権以外の一定の権利を与えるという点で趣旨が共通するものであったため、会社法においてはそれら二つの制度を整理することとされ、現時点で採用している会社が多い単元株制度に統一し（会188～195）、端株制度を廃止したものである。
　なお、経過措置として従来端株制度を採用していた会社については、従来どおり端株制度を存続させることが認められている（整86①）。

(2)　単元未満株式の権利
　旧商法においては、単元未満株式には株主総会において議決権を行使することが認められなかったほか（旧商241①）、株主総会招集請求権（旧商237①）など少数株主権においても数に算入されないなどの制限を受けていたが、1個の

株式であることには変わりなく、自益権についてはすべての権利が認められ、定款をもっても制限することはできなかった。一方、端株については株主総会における一切の権利が認められないだけでなく、自益権についても一部が認められるにすぎず、認められる自益権も定款によって制限することができた（旧商220ノ3②）。

　会社法においては、端株制度を廃止し単元株制度に統一するに当たり、上記のような両制度の相違を調整し、原則として単元未満株式には旧商法と同様の権利を認める一方で、定款の定めによって旧商法において端株主に加えることができた制限と同様の制限を加えることができるとしている。

　会社法の下での単元未満株主は、株主総会あるいは種類株主総会において議決権を行使することができず、自益権についても以下の権利以外については定款によって制限できる（会189）。

① 全部取得条項付種類株式の取得対価を受領する権利
② 取得条項付株式における取得対価を受領する権利
③ 株式無償割当てを受ける権利
④ 単元未満株式の買取請求権
⑤ 残余財産の分配を受ける権利
⑥ その他法務省令で定める権利

　なお、株券発行会社は、定款をもって単元未満株式にかかる株券を発行しない旨を定めることが可能である（会189③）。

(3) 単元数の取締役会決議による変更と単元株制度への移行手続

　単元株制度を採用する旨の定めは定款の相対的記載事項であり（会188）、単元株制度を採用したり、単元数を変更するには株主総会の特別決議が必要となるのが原則である（会309②十一、466）。

　しかし、単元株制度についての定款を設けたり、単元数を変更したりすると同時に株式分割を行い、分割割合と同じ割合で単元株式数の設定、または単元株式数の増加を行えば、単元株制度に関する定款変更の前後で各株主の有する

議決権をはじめとする権利内容は全く変化しないため、取締役会の決議によって単元株制度を採用すること、あるいは単元株式数の変更をすることが認められている（会191）。

現状において端株制度を採用している会社については、整備法第86条第1項によって将来的にも端株制度を維持することが可能であるが、以上のような株式分割を併用する方法によって、取締役会決議によって単元株制度へ移行することも可能となっている。

なお、単元株式数を減少させる定款変更、単元株制度を廃止する旨の定款変更についても、株主は不利益を蒙ることがないため、取締役会の決議によって行うことができる（会195①）。もっとも、その場合には会社は、決議の効力が生じた後遅滞なく、株主にその旨を通知しなければならない（会195②）。また、その通知は公告によって行うこともできる（会195③）。

(4) 単元未満株式の買取請求と売渡請求

現行	変更後
（単元未満株式の買増し） 第○条　当会社の単元未満株式を有する株主(実質株主を含む。以下同じ。)は、株式取扱規程に定めるところにより、その単元未満株式の数と併せて1単元の数となるべき数の株式を売り渡すべき旨を請求することができる。	（単元未満株式の**売渡請求**） 第○条　当会社の単元未満株式を有する株主は、株式取扱規程に定めるところにより、その単元未満株式の数と併せて**単元株式数となる**数の株式を売り渡す**こと**を請求することができる。

単元未満株主は、株主総会において議決権を行使できず、定款によって自益権が制限されることもある（会189①、②）。

そのうえ定款によって、株券発行会社において単元未満株式についての株券を発行しない旨を定めた場合には（会189③）、単元未満株主は投下資本の回収手段を失うことになる（会128①）。

そこで、単元未満株主には、単元未満株式の買取請求権を認め（会192）、特に定款に定めた場合には単元未満株式売渡請求（単元未満株主が有する単元未満株式の数と併せて単元株式数となる数の株式を単元未満株主に売り渡すことを請求すること）をすることができることとされている（会194）。もっとも、単元未満株式売渡請求については、会社の事務負担が増えることが予想されるため採用しない場合も多いと思われる。この場合でも単元未満株主には買取請求が認められるため不利益はないだろう。

単元未満株式の買取請求あるいは単元未満株式売渡請求を行う場合、単元未満株主はそれぞれ買取りあるいは売渡しを求める単元未満株式数を明らかにしなければならない。そして買取りあるいは売渡しの価格は、市場価格がある場合には市場価格として法務省令に定める方法により算出される額とし、市場価格がない場合には会社と株主との協議によって定める（会192②、193①、194②、④）。

また、市場価格がない場合には、株式会社および単元未満株主は請求をした日から20日以内に裁判所に対して価格の決定の申立てを行うことが認められ、裁判所は会社の資産状態その他一切の事情を考慮して価格を決定する（会193②、③、④、194④）。市場価格がない場合でかつ20日以内に単元未満株主が裁判所に対して価格決定の申立てを行わない場合には、当該会社の1株当たりの純資産額に単元未満株式数を乗じた額が買取りあるいは売渡しの価格となる（会193⑤、194④）。

なお、単元未満株式の買取りあるいは売渡請求については、濫用的な請求を排除するために、一度請求を行った場合には会社の承諾がない限りその請求を撤回することができないものとされている（会192③、194④）。

5 基準日

現　行	変更後
（基準日） 第○条　当会社は、毎年3月31日の採取の株主名簿(実質株主名簿を含む。以下同じ。)に記載または記録された議決権を有する株主をもって、その決算期の定時株主総会において権利を行使すべき株主とする。 ②　前項のほか、必要があるときは、取締役会の決議によりあらかじめ公告して臨時に基準日を定めることができる。 ③　当会社は、基準日後に株式を取得した者の全部または一部をその事業年度の定時株主総会において権利を行使する株主と定めることができる。ただし、当該基準日の株主の権利を害することはできない。	（基準日） 第○条　当会社は、毎年3月31日の**最終**の株主名簿(実質株主名簿を含む。以下同じ。)に記載または記録された議決権を有する株主をもって、そ**の事業年度に関する**定時株主総会において権利を行使**することができる**株主とする。 ②　前項のほか、必要があるときは、取締役会の決議によりあらかじめ公告して臨時に基準日を定めることができる。 ③　〔削除〕

　株式会社は、一定の日を基準日として定め、基準日において株主名簿に記載され、または記録されている株主を一定の権利を行使することができる者と定めることができる（会124①）。

　また、基準日は権利行使の日の前3か月以内の日でなければならない（会124②）。基準日を定めるには、基準日と行使できる権利の内容を定款において定めるか、その旨を基準日の2週間前までに公告するか（会124③）、いずれかの方法によらなければならない。

新法施行により影響を受ける定款記載事項

一般的には、毎年行われる定時株主総会の基準日及び中間配当を行う会社では中間配当の基準日を定款で定めるのが一般的である。

　基準日の問題については、基準日後に株式を取得した者に権利を行使させて良いか否かという問題があるが、旧商法においては明文規定はなかったが、会社の判断によって議決権を与えることが可能と考えられ、実際にそのように扱われてきた。もっとも、特に明文規定が存在しないため、定款によって根拠付けをする例もしばしば見受けられた。

　会社法では、基準日後に株式を取得した株主であっても、株式会社の判断によって、株主総会または種類株主総会において権利を行使させることができることが明文上明らかにされた（会124④）。これによって、かかる取扱いの適法性が明らかになったのであり、その旨を定款で定める実益もなくなったといえる。会社法第124条第4項本文は、例えば、基準日後に組織再編行為を行い新しく株式を取得した株主にも議決権の行使の機会を与えたい、というような実務上のニーズを受けた者であり、そのような場合には基準日後に株式を取得した株主にも権利行使をさせる合理的な理由があるといえる。

　しかし、株主平等原則の下、株主は株式の数と内容に応じて平等に取り扱われなければならないのであり（会109①）、例えば、基準日後に新株発行を受けた複数の株主のうち、一部の者だけに議決権の行使を認めるというような取扱いは、不合理であり許されないと考えられる（会124④ただし書）。

⑥　株主名簿管理人

現　行	変更後
（名義書換代理人） 第○条　当会社は、株式につき名義書換代理人を置く。 ②　名義書換代理人及びその事務取扱場所は、取締役会の決議によって選定し、これを公告する。	（**株主名簿管理人**） 第○条　当会社は、**株主名簿管理人**を置く。 ②　**株主名簿管理人**及びその事務取扱場所は、取締役会の決議によって選定し、これを公告する。

③　当会社の株主名簿及び株券喪失登録簿は、名義書換代理人の事務取扱場所に備え置き、株式の名義書換、単元未満株式の買取り及び買増し、その他株式に関する事務は、これを名義書換代理人に取り扱わせ、当会社においては取り扱わない。	③　当会社の株主名簿、**株券喪失登録簿及び新株予約権原簿の作成ならびに備置きその他の株主名簿、株券喪失登録簿及び新株予約権原簿**に関する事務は、これを**株主名簿管理人**に取り扱わせ、当会社においては取り扱わない。

　株主名簿管理人を置く旨の定めは相対的記載事項であり（会123）、かつ登記事項である（会911③十一）。

　株式会社は、株主名簿を作成し、①株主の氏名または名称及び住所、②株主の有する株式の数（種類株式発行会社あっては、株式の種類及び種類ごとの数）、③株主が株式を取得した日、④株式会社が株券発行会社である場合には、発行された株式の株券番号を記載または記録しなければならず（会121）、株券を発行していない場合には、株主の請求があれば株主名簿記載事項を記載した書面あるいは電磁的記録を提供しなくてはならない（会122）。

　株主数が増大した場合、上記のような事務を株式会社の独力で行うことは困難がともなうことが多く、定款によって、株主名簿管理人に対して、株式会社に代わって株主名簿の作成及び備置きその他株主名簿の事務を行うよう委任することができるものとされている（会123）。

　この株主名簿管理人は、旧商法の名義書換代理人と実務上は同様の事務を行うことになる。もっとも会社法上は、名義書換だけでなく株主名簿の作成、備置き等株主名簿に関する事務を広く行うこととされているため、その名称も名義書換代理人から株主名簿管理人に変更された。

　また、旧商法においては、株主名簿、株券喪失登録簿及び端株原簿の名義書換を共通して取り扱う名義書換代理人（旧商206②）のほか、②新株予約権原簿の名義書換を取り扱う名義書換代理人（旧商280ノ35②）、③社債原簿の名義書換を取り扱う名義書換代理人（旧商307②）がそれぞれ存在したが、会社法にお

いては、新株予約権を対価として交付する取得条項付株式や株式を対価として交付する取得条項付新株予約権などが認められていることから、株主名簿の管理を行う者が新株予約権原簿の管理をも行うこととされており（会251）、定款の記載についても新株予約権原簿の記載を付加する必要がある。

7 株式取扱規程

現　行	変更後
（株式取扱規程） 第○条　当会社の株券の種類ならびに株式の名義書換、単元未満株式の買取り及び買増し、その他株式に関する取扱い及び手数料は、法令または本定款のほか、取締役会において定める株式取扱規程による。	（株式取扱規程） 第○条　当会社の株券の種類ならびに株式の名義書換、単元未満株式の買取り及び**売渡**し、その他株式に関する取扱い及び手数料は、法令または本定款のほか、取締役会において定める株式取扱規程による。

　株券の種類、株式の名義書換手続、単元未満株式の買取りあるいは売渡し手続きの詳細を取締役会が定める株式取扱規程に委ねる旨の授権規定である。株式取扱規程については、会社法において特に明文規定はなく、任意的記載事項となる。

　株式の取扱いについては、各株主の権利関係に大きな影響を与えることがあるため、取締役会がその取扱規程を定める際に定款による授権を与えるものである。また、定款に株式の取扱いについての詳細を定めてしまうと、その取扱いを変更する場合には常に特別決議による必要があり、その時々に事情によって柔軟な対応をとるためには、取締役会においてその詳細を定めることの方が合理的でもある。

6：機関

1 株主総会

(1) 株主総会の招集

現　行	変更後
（招集） 第〇条　当会社の定時株主総会は、毎年6月にこれを招集し、臨時株主総会は、必要あるとき随時これを招集する。	第〇条　〔現行通り〕

　旧商法は、定時株主総会は毎年1回一定の時期にこれを招集しなければならないと規定していた（旧商234①）。また、年2回以上利益の配当を行う会社では、毎決算期ごとに総会を招集することを要することとされ（旧商234②）、臨時株主総会は必要のつど随時招集することとされていた（旧商235）。

　上記の一定の時期を定款で明らかにすることは法律上の要請ではないが、株主にとって定時総会の招集時期は重要な意味を有するから、旧商法下の各会社の定款には招集時期について定めを置いている例が見られた（任意的記載事項）。具体的な招集時期は、計算書類の作成と監査の日程及び基準日を設けた場合の効力期間の関係から、通常、定時株主総会は決算期後3か月目の最終日近くに開催されていた。

　会社法も、株主総会の招集に関しては旧商法と同じ規定を置くので、従前の定款規定を変更する必要はない（会296①、②）。

▼株主総会の開催地

現　行	変更後
（招集地） 第〇条　株主総会は、本店所在地、その隣接地または〇〇市において招集する。	第〇条　〔削除〕

新法施行により影響を受ける定款記載事項

株主総会の開催地について、旧商法第233条は、株主総会は、定款に別段の定めがある場合を除き本店の所在地またはそれに隣接する地に招集することを要するものとしていた。この「定款に別段の定め」をする場合、上記のような記載をする例があった（相対的記載事項）。

　しかし、株主総会の招集地に関しては会社法で改定されている。すなわち、株主総会の開催場所として、株主の利便性を考慮するなどの観点から、本店所在地外の会場を総会の開催場所として用いる会社が増えているとの実態があることや、格別定款に定めを置かない場合には、招集地が限定されてしまうという不都合が生じることから、会社法においては、株主総会の招集地の制限を撤廃することとしたのである。したがって、必要により外国で株主総会を開催することも可能である。ただし出席困難な場所で開催すると決議取消の瑕疵を帯びる（会831①一）。会議体としての一体性が確保されていれば、複数の場所で開催することも可能である。ただし、株主総会の場所が過去に開催した株主総会のいずれの場所とも著しく離れた場所であるとき（①当該場所が定款で定められたものである場合、②当該場所で開催することについて株主総会に出席しない株主全員の同意がある場合は除く）、その場所を決定した理由を取締役会で決議しなければならない（会298①、④、会規63②）。

　このように会社法で招集地に関する改正がされたので、定款上で株主総会の招集地を定めている会社は、現行定款をそのまま残していると開催地が制限されることになる。しかし、定款で株主総会の開催地を制限すると、開催地に関する会社の選択肢が少なくなってしまうので、これを嫌う場合には、従前の定款規定を削除することが望ましい。ただ、少数株主主導で株主総会が招集される場合（会297①）に備えて、上記のような制限を定款で設けることが、会社の規模や株主構成との関係で必要な場合もある。また会社法施行規則の例外の利用も考えられる。弁護士等の専門家と相談し、どのような規定にするか判断する必要がある。

(2) 招集権者及び議長

現　行	変更後
（招集権者及び議長） 第○条　株主総会は、取締役社長がこれを招集し、議長となる（または、「株主総会は、法令に別段の定めがある場合を除き、取締役会の決議に基づいて、取締役社長がこれを招集し、議長となる。」）。 ②　取締役社長に事故があるときは、取締役会においてあらかじめ定めた順序に従い、他の取締役が株主総会を招集し、議長となる。	第○条　〔現行通り〕

　旧商法は、株主総会の招集は、商法の別段の定めがある場合を除き、取締役会が決議しなければならないとしていた（旧商231）。取締役会は、総会の開催日時、場所、会議の目的等の基本的事項を決定していた。しかし、取締役会は、その意思決定を自ら執行することはできないので、その執行は業務執行機関である代表取締役が行うことになる。代表取締役が複数いる会社では、理論上、どの代表取締役も招集権者となることができた。

　ただ、旧商法の下での各社の定款は、招集権者を「取締役社長」や「取締役会長」に特定し（代表取締役が複数いる会社でも招集権者は取締役社長に限られる）、かつ、この特定された代表取締役が事故等により招集行為ができない場合に備えて、これに代わって招集手続を執行する代表取締役の順序を定めていた。この招集権者に関する定款規定は、任意的記載事項である。指定されていない代表取締役が招集行為を行った場合は、決議取消事由になると解されていた。

　また、旧商法は、株主総会の議長について、定款に定めがないときは、総会において選任しなければならないとし、議長の選任手続について規定していた（旧商237ノ4①）。

この規定を受けて、総会ごとに議長選任手続を行うという煩雑さを回避するため、旧商法下の実務は、定款で議長となる者（通常は取締役社長を議長としていた）を定めておくことも行われていた。議長の選任にかかる定款規定は、相対的記載事項である。

　これに対し、会社法第296条第3項は招集権者を取締役と規定する。一見すると大幅に改正されたとも思われるが、取締役会設置会社においては、会社法第298条第1項各号所定の事項（株主総会の日時及び場所等）は取締役会の決議によらなければならない（会298④）ので、結局、会社法は、株主総会の招集権者に関する従来の枠組みを変更する趣旨ではないと考えられる。また、会社法は、旧商法第237条の4第1項（議長の選任手続）に該当する規定は置いておらず、また、議長の資格を一定の者に限る等の規定も置いていない。議長の資格と制限がないのは旧法と同じである。したがって、従前の定款規定のような扱いが会社法に抵触するとは考えられず、現行定款を実質的に変更する必要はない。

　なお、取締役会においては、例年と異なる定時総会日や場所で開催する理由、議決権行使の代理人資格、書面・電子投票以外の場合における役員等の選任、株式等の有利発行、定款変更、組織再編の議案概要などを決定することになる（会298①五、会規63）。これは招集通知に記載する（会299④）。

(3)　株主総会参考書類のインターネット開示とみなし提供

現　行	変更後
〔新設〕	（株主総会参考書類等のインターネット開示とみなし提供） 第○条　当会社は、株主総会の招集に際し、株主総会参考書類、事前報告、計算書類及び連結計算書類に記載または表示をすべき事項に係る情報を、法務省令に定める

	ところに従いインターネットを利用する方法で開示することにより、株主に対して提供したものとみなすことができる。

　会社法は、書面投票制度が強制される株主数1,000人以上の会社にあっては、株主総会の招集通知に際して、株主へ株主総会参考書類および議決権行使書面の交付を義務付けている（会301①）。この株主総会参考書類には議案（会規73①一）や監査役の調査結果の概要を記載する（会規73①二）。しかし、個別の議案について記載すべき事項は非常に詳細なものが要求されている（会規74以下）。

　これを紙ベースの招集通知に添付するのはあまりに大変なので、株主総会参考書類に記載すべき事項に係る情報を、当該株主総会に係る招集通知を発出する時から、当該株主総会の日から3か月が経過する日までの間、継続して電磁的方法により株主が提供を受けることができる状態に置く措置をとる場合には、当該事項は、当該事項を記載した株主総会参考書類を株主に対して提供したものとみなす（会規94）こととした。

(4) 決議の方法

現　行	変更後
（決議の方法） 第○条　株主総会の決議は、法令または本定款に別段の定めがある場合を除き、出席した株主の議決権の過半数をもって行う。 ②　商法第343条に定める特別決議は、総株主の議決権の3分の1以上を有する株主が出席し、その議決権の3分の2以上で行う。	（決議の方法） 第○条　株主総会の決議は、法令または本定款に別段の定めがある場合を除き、出席した**議決権を行使できる**株主の議決権の過半数をもって行う。 ②　**会社法第309条第2項に定める決議は、議決権を行使することができる株主の議決権**の3分の1以上を有する株主が出席し、その議決権の3分の2以上を**もって**行う。

新法施行により影響を受ける定款記載事項

旧商法は、普通決議について、商法または定款に別段の定めがある場合を除いて、「総株主の議決権の過半数を有する株主が出席し、その議決権の過半数をもって行う」ことを要件とする（旧商239①本文）。ただし定足数に関しては定款の定めにより、定足数を引き上げ、軽減することもできるとされていた（旧商239①）。また、特別決議については、総株主の議決権の過半数または定款に定める議決権の数を有する株主が出席し、その議決権の3分の2以上に当たる多数をもって行うことを要件として定められていた（旧商343①）。平成15年4月の商法改正により、特別決議においても、普通決議と同様に定款の定めで定足数を引き上げ、軽減することができるようになった。ただし、軽減する場合は、総株主の議決権の3分の1未満にすることはできないとされていた（同条②）。さらに、株式譲渡制限のための定款変更等の特殊決議については、総株主の過半数で、かつ、総株主の議決権の3分の2以上多数をもって行うとされていた（旧商348①）。

　旧商法下の定款の記載例では、第1項で、株主総会の円滑な運営をはかるために、法令や本定款に別段の定めがある場合を除いて、定足数を排除し、第2項で、特別決議の定足数を法律で認められた限度である総株主の議決権の3分の1以上まで引き下げる形で規定していた。

　会社法においては、機関設計の如何を問わず、普通決議・特別決議・特殊決議について、原則として、旧商法の株式会社の各要件と同じとする。また、特別決議について定足数を議決権を行使できる株主の3分の1と軽減することができることも旧法と同じである。ただし、特別決議・特殊決議については、定款で、明文で規定した定足数や決議要件を加重したり、これらに加えて一定数以上の株主の賛成を要する旨を定めたりして、決議の要件を加重できるようになった（会309①ないし③）。特に決議要件を加重する必要のない会社は、従前の定款例の条数と用語を変更すれば足りる。

(5) 議決権の代理行使

現　行	変更後
（代理行使） 第○条　株主は、当会社の議決権を有する他の株主を代理人として、その議決権を行使することができる。 ②　株主または代理人は、株主総会毎に代理権を証明する書面を当会社に提出しなければならない。	（議決権の代理行使） 第○条　〔現行通り〕

　旧商法下において、株主は、議決権の行使を代理人に委ねることが許容されていた（旧商239②ないし③）。そして、旧商法下の解釈として、定款の規定をもって、合理的な理由による相当程度の範囲で代理人資格を制限することは許容されていた（最判昭43.11.1民集22巻12号2402頁）。そこで、通常、定款で代理人資格を株主（議決権を有する株主に限定する場合、議決権を有しない単元未満株主は排除される）に限定する規定が設けられる（相対的記載事項）。また、旧商法は、代理人の議決権行使の際、会社に代理権を証する書類を提出することを求めているので（旧商239②）、このことを明確にするため、定款でも代理権を証する書類の提出が必要であることを規定していた。なお、「株主または代理人」としているのは、平成14年4月の商法改正により、「其ノ株主又ハ代理人ハ其ノ代理権ヲ証スル書面ヲ会社ニ差出スコトヲ要ス」（旧商239②ただし書）と改正されたためである。

　会社法は、第310条で代理人による議決権行使について、旧商法と同様の規定を置くので、会社法の条文に合わせて同様の規定を置くことは問題ない。

　なお、記載例としては第1項「株主を」を「株主1名を」とすることも考えられる。

(6) 議事録

現　行	変更後
（議事録） 第○条　株主総会における議事の経過の要領及びその結果については、これを議事録に記載または記録し、議長及び出席した取締役がこれに記名押印または電子署名を行う。	（議事録） 第○条　株主総会における議事の経過の要領及びその結果**ならびにその他法令に定める事項**については、**これを議事録に記載または記録する。**

　旧商法下では、株主総会の議事については、議事録を作成し（旧商244①）、この議事録には、議事の経過の要領及びその結果を記載または記録しなければならない（旧商244②）。また、議事録には議長及び出席取締役の署名（電磁的記録の場合、電子署名）が必要とされていた（旧商244③、④）。これらの手続は、当該手続を定款に規定を盛り込むかどうかにかかわらず強制されるが、株主総会議事録が、株主にとって重要な書類であること、株主や債権者に閲覧請求権が与えられていることなどを考慮して、当該手続を定款に盛り込む例もあった。

　会社法においても、株主総会の議事は、議事録を作成しなければならないことは同じであるし、株主や債権者に閲覧請求権が与えられていることは同様である（会318）。したがって、現行定款の実質的変更は不要と思われる。

　ただ、議事録の内容は省令で詳細な定めが置かれており、議長及び出席取締役の制度は廃止され、議事録作成取締役の記名で足りる（会規72）。

2 取締役及び取締役会

(1) 員数

現　行	変更後
（員数） 第○条　当会社の取締役は、○○名以内とする。	第○条　〔現行通り〕

旧商法では、取締役の員数については、3名以上が在任することのみ法定し（旧商255）、上限に関する規定はなかった。ただ、定款において経営上必要のない員数の取締役選任を不可能とする観点から、取締役の員数の上限を規定する例が見られた（任意的記載事項）。

　会社法では、取締役会を置かない機関設計も可能なことから、取締役は1名以上置けばよいとされるが、取締役設置会社については、現行と同様に取締役の最低員数は3名以上となる（会331④）。また、取締役の員数の上限に関する規定は設けられていない。そこで、会社法の下でも従前の規定に変更を加える必要はない。

(2)　選任方法

現　行	変更後
（選任方法） 第〇条　取締役は、株主総会において選任する。 ②　取締役の選任決議は、総株主の議決権の3分の1以上を有する株主が出席し、その議決権の過半数をもって行う。 ③　取締役の選任決議は、累積投票によらないものとする。	（選任方法） 第〇条　取締役は株主総会の決議によって選任する。 ②　取締役の選任決議は、**議決権を行使することができる株主の**議決権の3分の1以上を有する株主が出席し、その議決権の過半数をもって行う。 ③　〔現行通り〕

　旧商法は、取締役の選任は、株主総会において行うものとしている（旧商254①）。取締役の選任決議に関しては、定款の定めをもってしても定足数を3分の1未満に引き下げることができない（旧商256ノ2）。旧商法下での定款の記載としては、第1項で取締役の地位の重要性に鑑み、旧商法第254条第1項を確認的に規定するとともに、第2項で取締役の選任決議に関しては、定款の定めをもってしても定足数を3分の1未満には引き下げることができないことを

明らかにしていた。これらはいずれも任意的記載事項である。また、旧商法下では、累積投票制度は定款で別段の定めを置くことで排除することも可能であるところ（旧商256の3）、会社業務の円滑な運営を確保する観点から、累積投票制度を排除することを定款に盛り込む例もあった。本定款記載別でも3項で累積投票制度を排除している。

会社法においても、旧商法と同様の規定を置いているので（会329、341、342①）、従前の定款規定を実質的に変更する必要はない。

(3) 解任決議

買収防衛に関する説明（第3部第3章第3節）を参照。

(4) 任期

現　　行	変更後
（任期） 第○条　取締役の任期は、就任後2年内の最終の決算期に関する定時株主総会終結の時までとする。 ②　増員または補欠として選任された取締役の任期は、在任取締役の任期の満了すべき時までとする。	（任期） 第○条　取締役の任期は**選任後1年以内に終了する事業年度のうち最終のもの**に関する定時株主総会終結の時までとする。 ②　〔削除〕

旧商法は、取締役の任期を2年と法定している（旧商256①）。ただし、旧商法では、「就任後2年内の最終の決算期に関する定時株主総会終結の時」まで任期を伸張することができるものとされている。

旧商法の定款の記載例では、毎年定時株主総会の開催時期により任期が2年を超える場合もあり得ることを勘案して、左欄第1項のように規定するとともに、増員または補欠として選任された取締役については、2年より短い期間を任期とすることが許されるとの解釈から、増員または補欠として選任された取

締役について前任者または他の在任者の任期に短縮する旨を規定していた（任意的記載事項）。

会社法は、ほとんどの会社で旧商法第256条第3項に基づく定款規定を置いていることもあり、この取扱いを原則とし（会332①）、定款の定めを要しないとしている。ただ、旧商法下の取扱いをまったく否定する趣旨ではないので、従来どおり取締役の任期2年とする場合は条文の文言にあった形で規定し直せば足りる。

ただし、取締役の任期の末日が選任後1年以内であり、会計監査人及び監査役会設置会社である会社は一定の条件で剰余金の配当等を取締役会で定める制度も採用できる。本規定はこの場合の記載例である。

(5) 取締役会の設置

現行	変更後
〔新設〕	（取締役会の設置） 第○条　当会社は、取締役会を置くものとする。

旧商法は、株式会社の機関設計に関して、会社の規模（資本金及び負債）により法が一律に機関設計を強制したため、会社の機関設計の選択肢は非常に限られ、取締役会は株式会社の場合、必要的機関とされていた。

しかしながら、会社の規模とあるべき会社の機関設計とは必ずしも直結するものではない。会社法は、機関設計について各社がその実態に応じ自由に機関設計を選択できることとした。会社法は、株式が譲渡され、所有と経営の分離した公開会社については、取締役会の設置を強制するが（会327①）、株式会社のうち、株式譲渡制限会社については、有限会社に近い実質を有する会社も多いと考えられるので、旧有限会社法と同様、取締役会の設置は任意的なものとされた（会326②）。

旧商法に基づく株式会社は、現に取締役会を設置しているため、施行日に定

款に取締役会を置く旨の定めがあるものとみなされる（整76②）。したがって、旧商法に基づく株式会社は、あえてこのような規定を設けることが絶対に必要ではないが、規定の明確性を確保するため、変更することも検討に値する。

なお、登記についても旧商法に基づく株式会社は、施行日に取締役会設置会社である旨の登記がされたものとみなされる（整113②）。

(6) 代表取締役及び役付取締役

現　行	変更後
（代表取締役及び役付取締役） 第○条　代表取締役は、取締役会の決議により選任する。 ②　取締役会の決議により、取締役会長、取締役社長各１名、取締役副社長、専務取締役、常務取締役各若干名を定めることができる。	（代表取締役及び役付取締役） 第○条　代表取締役は、取締役会の決議により選定する。 ②　〔現行通り〕

旧商法下では、監査役設置会社において、代表取締役は旧商法第261条の定めにより取締役会の決議で選任される会社を代表し、業務を執行する必要的機関とされていた。

旧商法下の定款の例では、第１項において、代表取締役の地位の重要性に鑑み、商法の規定同様の内容が注意的に規定されていた（任意的記載事項）。

また、第２項の役付取締役は商法上の制度ではないが、商慣行として、業務執行取締役に、「副社長」、「専務」、「常務」等の呼称を付与して業務執行を行わせることが多いことから、定款例でも規定しているものがみられた。

会社法においても、代表取締役は取締役会の決議によって選定され、会社を代表して業務執行を行うことは変わりがない（会363③、363①）。

したがって、従来の定款記載例を実質的に変更する必要はない。

(7) 取締役会の招集権者及び議長

現　行	変更後
（取締役会の招集権者及び議長） 第○条　取締役会は、法令に別段の定めがある場合を除き、取締役会長がこれを招集し、議長となる。 ②　取締役会長に欠員または事故があるときは、取締役社長が、取締役社長に事故があるときは取締役会においてあらかじめ定めた順序に従い、他の取締役が取締役会を招集し、議長となる。	第○条　〔現行通り〕

　取締役会の招集権者について、旧商法は、原則として各取締役が招集権を有するものとするが（旧商259①）、旧商法下の定款記載例では、第1項で招集する取締役を明確にするため、取締役会を招集すべき取締役を取締役会長とすることを定め（任意的記載事項）、また、実務上の便宜から、第2項で取締役会長に事故ある場合の取締役会招集権者の順序を規定する例があった。

　会社法も第366条第1項で旧商法第259条第1項と同様の規定を置き（会社法では定款で招集すべき取締役を定められることを明確に規定している）、旧商法下の制度の枠組みに変更を加えていないので、現行の定款に実質的な変更を加える必要はない。

(8) 取締役会の招集通知

現　行	変更後
（取締役会の招集通知） 第○条　取締役会の招集通知は、会日の3日前までに各取締役及び各監査役に対して発する。ただし、緊急の	第○条　〔現行通り〕

必要があるときは、この期間を短縮することができる。 ② 取締役及び監査役の全員の同意があるときは、招集の手続を経ないで取締役会を開くことができる。	

　旧商法は、取締役会の招集通知は、会日の1週間前までに取締役及び監査役全員に発することを定めていたが（旧商259ノ2）、定款によりその期間を短縮することを許容していた（同条ただし書）ので、旧商法下での定款記載例の第1項では、取締役会の機動的開催を可能とするように期間を短縮するものである（相対的記載事項）。また、第2項の記載は、旧商法第259条ノ3を確認したものである。

　会社法でも同様の規定が置かれ（会368①、②）、この制度の枠組みは変更されていない。したがって、現行の定款例を実質的に変更する必要はない。

(9) 取締役会の決議方法等

現　行	変更後
（取締役会の決議方法等） 第○条　取締役会の決議は、取締役の過半数が出席し、出席した取締役の過半数で行う。 ②〔新設〕	（取締役会の決議方法等） 第○条　取締役会の決議は、**議決に加わることができる**取締役の過半数が出席し、**その過半数をもって**行う。 ② 当会社は、会社法第370条の要件を充たしたときは、取締役会の決議があったものとみなす。

　旧商法は、取締役会の決議について取締役の過半数が出席し、その過半数で決せられると規定していた（任意的記載事項：旧商260ノ2①）。旧商法下の定款例では、取締役会の決議方法を定めることの重要性に鑑み、注意的に旧商法の規定を明確化していた。また、旧商法では、書面決議に関する規定はなかった。

会社法でも、取締役会の決議について、議決に加わることのできる取締役の過半数が出席し、その過半数をもって行うという制度の大枠には変更がない（会369①）。したがって第1項の記載は実質的に変更する必要はない。

ただ、会社法は、定款に定めを設けることにより、取締役会の決議の目的である事項について各取締役が同意をして、かつ、業務監査権限を有する監査役が設置されている場合、各監査役が特に異議を述べていないときは、書面または電磁的方法により決議をすることができることとした（会370）。第2項はこの規定を受けて、書面決議制度を利用する場合の定款記載例である。

(10) 取締役会の議事録

現　行	変更後
（取締役会の議事録） 第○条　取締役会における議事の経過の要領及びその結果については、これを議事録に記載または記録し、出席した取締役及び監査役がこれに記名押印または電子署名を行う。	第○条　取締役会における議事の経過の要領及びその結果**ならびにその他法令に定める事項については**これを議事録に記載または記録し、出席した取締役及び監査役がこれに記名押印または電子署名を行う。

旧商法下においては、取締役会の議事は、その経過の要領及びその結果を記載または記録した議事録を作成し、出席取締役及び監査役がこれに署名または電子署名することが必要とされていた（旧商260ノ4①ないし④）。旧商法下の定款例はその旨注意的に規定する例が見られた（任意的記載事項）。

会社法においても、議事録の作成・署名については同様の規定が置かれているので、従来の定款の規定を実質的に変更する必要はない（会369③）。

ただし、議事録の内容は法務省令に委任され、詳細な規定が置かれている（会規101）。

(11) 取締役会規程

現　行	変更後
（取締役会規程） 第○条　取締役会に関する事項は、法令または本定款のほか、取締役会において定める取締役会規程による。	第○条　〔現行通り〕

　旧商法上、特段の規定はなかったが、取締役会の運営や付議事項について、取締役会規程に委ねる旨の授権規定を定款に盛り込む例もあった（任意的記載事項）。ただし、株式取扱規程とは異なり、会社・株主間の関係を拘束するものではないため、授権規程を設けないという考え方もあり得るところである。
　会社法の下でも取締役会規程は、商法または会社法に基づくものではないため、従来の定款規定を実質的に変更する必要はない。

(12) 報酬等

現　行	変更後
（報酬等） 第○条　取締役の報酬は、株主総会の決議により定める。	（報酬等） 第○条　取締役の報酬、**賞与その他の職務執行の対価として当会社から受ける財産上の利益（以下、「報酬等」という）は、**株主総会の決議によって定める。

　旧商法は、定款で取締役の報酬を定めないときは株主総会の決議で定めることとされていた（旧商269）。ただ、経済情勢の変動への柔軟な対応等の理由で、報酬を定款で記載する例はほとんどなく、株主総会で決定されるのが実情であった。旧商法下の定款例ではこのことを注意的に記載していた（任意的記載事項）。
　会社法は、取締役の報酬、賞与その他の職務執行の対価として会社から受ける財産上の利益を「報酬等」と規定し、定款に定めがない場合は、株主総会の

決議によることとしている（会361①）。本モデルでは会社法の表現にあわせて記載を改めている。

(13) 取締役の責任免除

現　行	変更後
（取締役の責任免除） 第○条　当会社は、商法第266条第12項の規定により、取締役会の決議をもって、同条第1項第五号の行為に関する取締役（取締役であった者を含む）の責任を法令の限度において免除することができる。 ②　当会社は、商法第266条第19項の規定により、社外取締役との間に、同条第1項第五号の行為による賠償責任を限定する契約を締結することができる。ただし、当該契約に基づく賠償責任の限度額は、○○万円以上であらかじめ定めた金額または法令が規定する額のいずれか高い額とする。	（取締役の責任免除） 第○条　当会社は、**会社法第426条第1項の規定により、任務を怠ったことによる取締役（取締役であった者を含む）の損害賠償**責任を法令の限度において取締役会の決議によって免除することができる。 ②　当会社は、**会社法第427条第1項の規定により、社外取締役との間に、**任務を怠ったことによる損害賠償責任を限定する契約を締結することができる。ただし、当該契約に基づく責任の限度額は、○○万円以上であらかじめ定めた金額**と法令が規定する額**のいずれか高い額とする。

　旧商法は、取締役・監査役の旧商法第266条第1項第五号の責任（任務懈怠責任）を、株主総会における承認決議により、取締役については報酬の4年分（旧商266⑦）、代表取締役については報酬の6年分（同条⑰）、社外取締役・監査役については報酬の2年分（同⑱、旧商280）をそれぞれ限度として、軽減することを許容していた。会社は、あらかじめ定款に規定することにより、具体的な責任軽減の判断を取締役会の決議で行うことができる（相対的記載事項）。第1項はこれらの法律の規定を受けた記載例である。なお、第1項のような定

款規定を新設する場合は、監査役全員の同意を取得する必要がある。また旧商法では、社外取締役については、定款で規定することにより、責任限度を報酬の2年分またはあらかじめ定款で規定した額のいずれか高い方に限定する責任限定契約を締結することができると規定されていた(相対的記載事項、旧商266⑲)。

会社法でもこれらの責任軽減制度は同様の制度が規定されているので、従前の定款は実質的変更をする必要はない。

③ 監査役及び監査役会
(1) 監査役及び監査役会の設置

現　行	変更後
〔新設〕	(監査役及び監査役会の設置) 第○条　当会社は、監査役及び監査役会を置く。

旧商法においては、会社の規模にかかわらず、すべての株式会社は監査役を置くことが義務付けられていた。また、商法特例法上の大会社またはみなし大会社においては、監査役は社外監査役を含む3人以上で構成され、その中から常勤の監査役を互選しなければならない（商特18②、30①一七）。また、監査役の全員で監査役会を組織することとされていた（商特18の2①）。

しかし、会社法は、公開会社は監査役を設置する義務があるとしつつ、非公開会社は会計参与設置会社以外の取締役設置会社及び会計監査人設置会社だけ監査役を設置する義務があるとされている（会327②、③）。また、公開会社である大会社は、監査役会の設置が義務付けられるが、それ以外の会社の場合には監査役会の設置は任意とされた（会328）。

このため、監査役及び監査役会を置く場合、上記の定款例のような記載に変更することになる。なお、現在の大会社については、会社法施行時に監査役及び監査役会を設置するものと定款変更されるみなし規定があるが（整52、76②）、明確性の観点から、形式的な定款変更手続をしておくことが適当である。

なお、「監査役設置会社である旨および社外監査役であるものについて社外監査役である旨」については、みなし規定がないため、施行日から6か月以内に本店所在地において登記しなければならない（整61③一）。

(2) 監査役の員数

現　行	変更後
（員数） 第○条　当会社の監査役は、○名以内とする。	（員数） 第○条　〔現行通り〕

旧商法では、監査役は常設機関とされ、商法特例法上の大会社（みなし大会社を含む。以下同じ。）にあっては、監査役は3名以上であることが法定されていたが（商特18①）、上限に関する規定はなかった。旧法下の定款記載例では、必要以上の監査役を選任しない目的で員数の上限を規定していた。

会社法においても、監査役の上限を規定する条文はないので、従来の定款記載例を変更する必要はない（会335③）。

(3) 監査役の選任

現　行	変更後
（選任方法） 第○条　監査役は、株主総会において選任する。 ②　監査役の選任決議は、総株主の議決権の3分の1以上を有する株主が出席し、その議決権の過半数で行う。	（選任方法） 第○条　〔現行通り〕 ②　監査役の選任決議は、**議決権を行使することができる株主**の議決権の3分の1以上を有する株主が出席し、その議決権の過半数**をもって行う。**

旧商法では、監査役は取締役と同様に株主総会において選任する旨規定され

(旧商280①、254①)、選任決議についても定款で定足数を緩和することができるとしつつ、その選任決議では総株主の議決権の3分の1以上の株主の出席は最低限必要とすることも取締役の場合と同様である(旧商280、256ノ2)。ただ、取締役の場合と異なり累積投票制度は採用されていなかった。

　会社法では、旧商法と同様、監査役は株主総会の決議によって選任する旨を定め(会329①)、定足数を3分の1以上、決議要件を過半数を上回ると定款で定めるようにできることも明確にしている(会341)。ただ、定足数と決議要件を変更しないのであれば、旧商法下の定款例を会社法の条文に合わせて表現を改めることで足りる。

(4) 監査役の任期

現　行	変更後
(任期) 第○条　監査役の任期は、就任後4年内の最終の決算期に関する定時株主総会終結の時までとする。 ②　補欠として選任された監査役の任期は、退任した監査役の任期の満了すべき時までとする。	(任期) 第○条　監査役の任期は、**選任後**4**年以内**に**終了する事業年度のうち最終のもの**に関する定時株主総会終結の時までとする。 ②　**任期の満了前に退任した監査役の補欠として**選任された監査役の任期は、退任した監査役の任期の満了**する**時までとする。

　旧商法は、監査役の任期を就任後4年内の最終の決算期に関する定時株主総会終結の時までと規定し、この期間は短縮も伸長もできないとされていた。第1項はこのことを確認的に規定したものである(任意的記載事項。旧商273①、②)。

　第2項は補欠で選任された監査役の任期を退任監査役の残任期間とするための規定である。ただし、任期調整を行わない場合、本条第2項は不要である(相対的記載事項。旧商273③)。

会社法においても監査役の任期は4年とされている（会336①）。また、任期調整の規定も定款で設けることができる（会336③）。したがって、従前の定款規定を変更する必要はなく、条文の表現に合わせて表記を改めることで足りる。

(5) 常勤の監査役

現　行	変更後
（常勤の監査役） 第○条　監査役は互選により常勤の監査役を定める。	（常勤の監査役） 第○条　監査役会はその決議によって常勤の監査役を選定する。

　大会社は、旧商法の規定上、監査役の互選により常勤の監査役を定めることが求められており（商特18②）、これを受けて旧商法下の定款例では、常勤の監査役に関する規定を設けていた（任意的記載事項）。ここにいう「互選」は、監査役の過半数の決定により行われ、この場合、会議を開く必要はないと考えられていた。
　会社法においては、選定方法について監査役会の選定によることとされたため（会390③）、会社法の条文に沿って従前の定款例を変更することが望ましい。

(6) 監査役会の招集通知

現　行	変更後
（監査役会の招集通知） 第○条　監査役会の招集通知は、会日の3日前までに各監査役に対して発する。ただし、緊急の必要があるときは、この期間を短縮することができる。 ②　監査役全員の同意があるときは、招集の手続を経ないで監査役会を開くことができる。	第○条〔現行通り〕

旧商法下において、大会社では監査役の全員で監査役会を組織しなければならないとされていた（商特18の2①）。この監査役会の招集通知は1週間前までに監査役全員に招集通知を出すのが原則である。ただし、この期間は定款の定めによって短縮が認められている（相対的記載事項、商特18の3②、旧商259ノ2）。

第2項は、旧商法特例法により、商法の取締役に関する規定が準用され、監査役会で全員の同意による招集手続の省略を認めていることによる（任意的記載事項、商特18条ノ3②、旧商259ノ3）。

会社法も、旧商法同様、監査役会の1週間前に通知を発送することを原則とし、定款による期間の短縮及び監査役全員の同意による招集手続の省略をすることは可能なので、現行の定款記載例を変更する必要はない（会392）。

(7) 監査役会の決議方法

現　行	変更後
（監査役会の決議方法） 第○条　監査役会の決議は、法令に別段の定めがある場合を除き、監査役の過半数をもって行う。	（監査役会の決議方法） 第○条　〔現行通り〕

旧商法下において、会計監査人の解任の決議、取締役の会社に対する免除議案提出の同意の決議（全員一致）といった一部の決議を除き、監査役会の決議は、原則として、監査役の過半数をもって行う（任意的記載事項、商特18の3①）。監査役会の決議方法については、取締役会と異なり、定款で要件を加重することも軽減することもできない。

会社法においても、監査役会の決議方法が原則として監査役の過半数で行うことはなんら変わりがない（会393）。ただし、会計監査人の解任の決議、取締役の会社に対する免除議案提出の同意は、監査役全員の同意があれば足りることになったので、監査役会の決議は不要となった（会340②、425③一）。もっとも、この点の変更は定款記載例との関係では特に変更は不要なので、現行どお

りの条項でよい。

(8) 監査役会の議事録

現　行	変更後
（監査役会の議事録） 第〇条　監査役会における議事の経過の要領及びその結果については、これを議事録に記載または記録し、出席した監査役がこれに記名押印または電子署名を行う。	（監査役会の議事録） 第〇条　監査役会における議事の経過の要領及びその結果**ならびにその他法令に定める事項については、これを議事録に記載または記録し、出席した監査役がこれに記名押印または電子署名を行う。**

　取締役会の議事録に関する説明に準じる（商特18の3②、旧商260ノ4①ないし⑤、会393②、会394）。議事録の記載事項については法務省令に定められている（会規109）。

(9) 監査役会規程

現　行	変更後
（監査役会規程） 第〇条　監査役会に関する事項は、法令または本定款のほか、監査役会において定める監査役会規程による。	第〇条　〔現行通り〕

　旧商法下においても、監査役会の運営方法や付議事項は、定款に授権規定を置いて監査役会規程に委ねる実務が定着していた。本条項は任意的記載事項であり、会社法の施行により影響を与えるものではないので、現行の定款記載例を変更する必要はない。

(10) 監査役の報酬等

現　行	変更後
（報酬等） 第○条　監査役の報酬は、株主総会の決議により定める。	（報酬等） 第○条　監査役の報酬**等**は、株主総会の決議に**よって**定める。

　取締役の場合説明に準じる。ただし、複数の監査役がいて、その報酬額を一括して株主総会で決議する場合、各監査役の受けるべき報酬額は、監査役の協議により定めなければならない（旧商279）。このことは会社法においても同じである（会387②）。

　なお会社法においては、賞与も報酬等として整理されたので、報酬の枠内とするか、賞与支給議案で対応する必要がある（企業会計基準委員会の「役員賞与に関する会計基準において、会社法施行期日以後終了する事業年度に係る株主総会で決議される役員賞与から費用処理が義務付けられる）。

(11) 監査役の責任免除

現　行	変更後
（監査役の責任免除） 第○条　当会社は、商法第280条第1項の規定により、取締役会の決議をもって、監査役（監査役であった者を含む）の責任を法令の限度において免除することができる。 ②　〔新設〕	（監査役の責任免除） 第○条　当会社は、**会社法第426条第1項の規定により、任務を怠ったことによる監査役（監査役であった者を含む）の損害賠償責任を、法令の限度において、取締役会の決議によって**免除することができる。 ②　当会社は、会社法第427条第1項の規定により、社外監査役との間に、任務を怠ったことによる損害賠償責任を限定する契約

	を締結することができる。ただし、当該契約に基づく責任の限度額は〇〇万円以上で、あらかじめ定めた金額または法令で規定する額のいずれか高い額とする。

　旧商法では、株主総会の決議による取締役の責任軽減の規程（旧商266⑦）、定款の授権に基づく取締役会決議による取締役の責任軽減の規定（旧商266⑫）は、いずれも監査役に準用されていた（旧商280①）。後者の場合、旧商法下の定款記載例は上述のような条項を設けていた。監査役の責任制限の責任限度額は、社外取締役同様、報酬の2年分であった。

　会社法は、監査役の責任の根拠条文が取締役と同じになり、旧商法で定められていなかった社外監査役との責任限定契約が可能となった（会426①、427①）。

　したがって、従来の定款記載例について、第1項の条数変更および条文の文言に合わせて変更するとともに、新たに会社と社外監査役との間で、責任限定契約を締結することが可能になったことにともなう規定の新設をする必要がある（会427①、423①）。

4　会計監査人

(1)　会計監査人の設置

現　行	変更後
〔新設〕	（会計監査人の設置） 第〇条　当会社は、会計監査人を置く。

　旧商法では、大会社またはみなし大会社においてのみ、会計監査人を設置することが可能であった（商特2）。

　しかし、中小会社でもベンチャー企業等の中には、計算書類の適正さを確保

するために設置することが望ましい面もある。

　そこで、会社法は、会社の規模にかかわらず、すべての株式会社において会計監査人を設置することを可能とした（会326②）。ただし、大会社には公開・非公開を問わず会計監査人の設置が義務付けられている（会328）。

　このように会計監査人は、中小会社では定款に定めることで任意に設置できることになったため、会計監査人を設置する場合、規定を新設する必要がある。また会計監査人を設置しない場合は本章以下を削ることになる。

　なお、大会社またはみなし大会社であって委員会等設置会社でない会社は、会計監査人を置く旨の定款の定めがあるものとみなされる（整52）が、形式的な定款変更は後日行う方が望ましい。また、会計監査人の氏名または名称は登記事項であるが、（会911③十九）、施行日から6か月以内に本店所在地に登記しなければならない（整61③二）。

(2)　会計監査人の選任

現　行	変更後
〔新設〕	（会計監査人の選任） 第○条　会計監査人は、株主総会の決議によって選任する。

　旧商法特例法の規定上は、会計監査人は、株主総会において選任されるとされており（商特3①）、会社法においても、会計監査人の選任は株主総会の決議によることは変わりがない（会329①）。そこで定款の変更は、条文に沿った表現に改めている。

　また、施行日前に会計監査人の選任決議がされた場合、当該決議があった日に、会社法に基づいてされた決議とみなされる（整49）ため、現在の会計監査人について、会社法施行後あらためて選任の決議を行う必要はない。

(3) 会計監査人の任期

現　行	変更後
〔新設〕	（会計監査人の任期） 第○条　会計監査人の任期は、選任後１年以内に終了する事業年度のうち最終のものに関する定時株主総会の終結の時までとする。 ②　会計監査人は、前項の定時株主総会において別段の決議がされなかったときは、当該定時株主総会において再任されたものとみなす。

　旧商法は、会計監査人の任期について、就任後１年以内の最終決算期に関する定時総会の終結の時までと規定していた（商特５の２①）。そして、その定時株主総会において別段の決議がされなかったときは、当然に再任されたものとみなされる（同②）。

　会社法では、「選任後１年以内に終了する・・・」（会338①）と規定されている。また、定時株主総会で別段の決議がされなかった場合に、当然に再任されたものとみなされることも同じである（同②）。定款の記載例は条文に沿った表現で任期に関する定めを置くこととした。

(4) 会計監査人の報酬等

現　行	変更後
〔新設〕	（会計監査人の報酬等） 第○条　会計監査人の報酬等は、代表取締役が監査役会の同意を得て定める。

　旧商法には会計監査人の報酬等について、監査役（監査役会）が関与すべき

とする規定はないので、代表取締役の判断で会計監査人との契約により報酬額を決定することが認められていた。

　会社法では、会計監査人の報酬等については、取締役が定めることとされる（会399①）。ただ、会計監査人の独立性を確保するため、会計監査人の報酬等の決定に当たっては、監査役会の同意を得なければならないとされている（会399①、②）。本定款モデルでは、代表取締役が決定する場合の例である。この場合のほか、取締役会で決定すると定めることもできる。

(5)　会計監査人の責任免除

現　行	変更後
〔新設〕	（会計監査人の責任免除） 第○条　当会社は、会社法第427条第１項の規定により、会計監査人との間に、任務を怠ったことによる損害賠償責任の限定をする契約を締結することができる。ただし、当該契約に基づく責任の限度額は○○万円以上で、あらかじめ定めた金額または法令で規定する額のいずれか高い額とする。

　旧商法においては、会計監査人は会社に対して損害賠償責任を負うが、これは監査契約に基づく債務不履行であり、会社から訴求することはできても、株主から会計監査人の責任追及の訴えを提起することはできなかった。

　しかし、会計監査人も会社の経営陣の意向に左右されて会社が責任追及を怠る可能性はある。

　そこで、会社法は、会計監査人の損害賠償責任を取締役等の会社に対する損害賠償責任と同列に扱い（会423①）、株主代表訴訟も認める（会847①）。ただ、会計監査人には、社外取締役と同様の責任免除制度を導入している（会423①、

424、425①、426①、427①)。

上記定款記載例は、会社法の規定を受けて定款であらかじめ会計監査人の責任限定契約を締結できることを定める場合の記載例である(会427)。

7：計算

(1) 事業年度

現　行	変更後
(事業年度) 第○条　当会社の営業年度は、毎年4月1日から翌年3月31日までの1年とし、毎年3月31日を決算期とする。	(事業年度) 第○条　当会社の**事業年度**は、毎年4月1日から翌年3月31日までの1年**とする**。

会社法の規定に合わせて「営業年度」より「事業年度」に表現を改めている(会124)。

(2) 剰余金の配当

現　行	変更後
(利益配当金) 第○条　利益配当金は、毎年3月31日の最終の株主名簿に記載または記録された株主または登録質権者に支払う。	(剰余金の配当) 第○条　当会社は、剰余金の配当等会社法第459条第1項各号に定める事項については、法令に別段の定めのある場合を除き、株主総会の決議によらず、取締役会の決議によって定める。

会社法では、会社は株主に対して剰余金の配当をすることができることとされ(会453)、また、利益配当も自己株式の取得同様、会社財産の社外流出であり、剰余金の配当として統一的な財源規制がかけられている(会461)。

そして、取締役の任期の末日が選任後1年以内であり、会計監査人及び監査

役会設置会社である会社は、一定の条件のもと、剰余金の配置等を取締役会で定めることができることになったため、同制度を採用する場合の定款記載例は上記のとおりである。

(3) 中間配当

現　行	変更後
（中間配当） 第〇条　当会社は、取締役会の決議により、毎年9月30日の最終の株主名簿に記載または記録された株主または登録株式質権者に対し、中間配当を行うことができる。	第〇条　〔削除〕

　旧商法では、営業年度を1年とする会社において、定款の規定に基づき、1営業年度につき1回に限り一定の日を定め、その日の株主に取締役会決議により金銭の分配（中間配当）をすることができるとしていた。この場合の定款の記載は相対的記載●●である（旧商293ノ5）。
　ただ会社法で収められた取締役会の決議により、剰余金の配当ができるように手当てした場合、「中間配当」の項目を●けなくても従来同様の配当できる。そこで本規定は削除している。

(4) 剰余金の配当の基準日

現　行	変更後
〔新設〕	（剰余金の配当の基準日） 第〇条　当会社の期末配当の基準日は、毎年3月31日とする。 ②　当会社の中間配当の基準日は、毎年9月30日とする。 ③　前2項のほか、基準日を定め

	〔新設〕	て剰余金の配当をすることができる。

　取締役会の決議により剰余金の配当等ができるようにした場合、剰余金の配当は基準日を定めて随時行うことができる。しかし、基準日を定めるには、通常、基準日公告が必要となってくる（会124③）。そこで、上記記載例は、定款で期末配当及び中間配当に該当する剰余金の配当の基準日を定めることにより、基準日公告を不要とするものである。上記の記載例では、9月30日を基準日とする剰余金の配当を中間配当と称しているが、これは会社法第454条第5項に定める中間配当ではないことに注意が必要である。

(5) 中間配当

現　行	変更後
（中間配当） 第○条　利益配当金及び中間配当金は、支払開始の日から満3年を経過してもなお受領されないときは、当会社はその支払義務を免れる。	（中間配当） **第○条　配当財産が金銭である場合は、その**支払開始の日から満3年を経過してもなお受領されないときは、当会社は、その支払義務を免れる。

　従来の利益配当金及び仲介配当金は剰余金の配当として整備されたため、表現を見直している。

第3節　非公開会社の定款記載例
1：株式
(1) 譲渡制限の定め

現　行	変更後
（株式の譲渡制限） 第○条　当会社の株式を譲渡するには、取締役会の承認を得なければならない。	（株式の譲渡制限） 第○条　当会社の**株式を譲渡により取得をするには、株主または取得者は**取締役会の承認を受けなければならない。

　会社法では、株式の譲渡制限を全部の株式の内容として定めることも（会107②一）、種類株式の一つとして定めることも可能である（会108①四）。これらの規定は相対的記載事項である。

　株式会社では、広く一般から資本を集めることを予定しているため、原則として株主の個性は問題としていない。また、株式会社では、出資の払い戻しが厳しく制限されているため、投資を行った株主は株式を譲渡する以外には事実上投下資本を回収する手段がない。そこで、株式は原則として自由に譲渡できるものとし、株主に投下資本の回収手段を与えている（会127）。株券を発行していない会社においては、民事法の原則通り意思表示の合致によって（会127）、また株券発行会社では、意思表示の合致に加え株券を交付することによって株式の譲渡がなされる（会128①）。

　しかし、閉鎖的な非公開会社、例えば同族会社のような会社では株主の個性が問題となる場合もあり、会社法では全部の株式の内容として、譲渡による株式の取得について、株式会社の承認を要することを定款によって定められるものとした（会107①一）。旧商法・有限会社法では、定款によって株式の「譲渡」について取締役会あるいは社員総会の承認を求めることができたが（旧商204①ただし書、有限会社法19②）、会社法では、「譲渡による株式の取得」というように文言が変更されている。会社法では、譲渡制限株式の譲渡について、当該

譲渡制限株式を譲り受ける者からも当該譲渡について承認するか否かの決定をするように求めることができるため（会137）、株式の譲渡を、株式の譲受人側から捉えて「取得」という文言に変更したものであろう。上記モデルについては、そのような文言訂正を行っている。

(2) 譲渡による株式の取得についての承認機関

現　行	変更後
〔新設〕	第〇条　当会社の株式を譲渡により取得するには、株主または取得者は代表取締役の承認を受けなければならない。

　譲渡による株式の取得についての承認は、定款によって、株主総会（取締役会設置会社では取締役会）以外で行うとすることも可能である（会139①ただし書）。相対的記載事項である。
　旧商法及び有限会社法では、譲渡制限株式の譲渡については、取締役会あるいは社員総会が承認機関であった（旧商204①ただし書、有限会社法19②）。しかし、譲渡制限株式の譲渡の可否を取締役会が決定しなければならない論理必然性はない。例えば、代表取締役が発行済株式の100％に相当する株式を保有している場合にも、譲渡制限株式の譲渡につき取締役会の承認が必要だとするのは不合理である。その会社の株主は当該代表取締役のみであるから、株主の個性に関心を持つ当該代表取締役の判断によって譲渡を承認するか否かを決めればよいはずである。このように譲渡制限株式の譲渡の可否を取締役会が判断しなければならない論理必然性はなく、当該会社の実態に応じて適切な者が判断するのが妥当であり、会社法では定款によって承認機関を定めることができるとされている（会139①ただし書）。
　この際、承認機関を合議体にしなければならないなどという制限は特段なされておらず、代表取締役、取締役会、株主総会、監査役、執行役などその承認

機関は幅広く定款に定めることができる。もっとも、通常の場合には意思決定の迅速性や会社の支配の実態などに鑑み、代表取締役が承認機関となるのが多くなると予想される。

なお、旧有限会社については、商号変更により通常の株式会社とならない限り、旧有限会社のルールと異なる譲渡制限の定めをすることはできない（整9二）。

(3) 特定の者の間での譲渡（前条第2項の例示）

現　行	変更後
〔新設〕	第○条 ② 次の各号に掲げる場合には前項の承認があったものとみなす。 (1) 株主間の譲渡

株式に譲渡制限を設ける場合であっても、定款によって、一定の場合には株式会社が譲渡による株式の取得を承認したものとみなす旨の規定を置くことができる（会107②一ロ）。相対的記載事項である。

閉鎖的な会社においては、株主の個性に着目しなければならないというニーズがあり、会社法ではすべての株式の内容として譲渡制限を設けることができる（会107②一イ）。もっとも、株主間において持株比率が変動することについて問題が生じない場合であれば、株式に譲渡制限を付していた場合でも、株主間の譲渡につき承認機関の承認を条件とする必要はない。このように、各会社の事情に応じて一定の場合の株式譲渡については、承認機関の承認があったものとみなすことができる。会社法改正の要綱の段階では、株主間の株式譲渡については定款によって、承認機関の承認を不要とすることができるとされていたところであるが、会社法ではそれをさらに一歩進めている。

モデルにおいては、株主間の譲渡については承認機関の承認を不要とする定款記載事項を紹介しているが、その他にも従業員持株会における株式譲渡など、

当該会社の実情に応じ記載内容を変更させることになろう。

(4) 買受人の指定（前条第3項の例示）

現　行	変更後
〔新設〕	第○条 ② 取締役会が第1項の承認をしない場合、代表取締役は指定買受人を定めることができる。

　譲渡承認請求に対する買受人の指定は、原則として株主総会（取締役会設置会社においては取締役会）の決議によらなければならないが、定款の定めによって代表取締役など他の者が指定することができる（会140④、⑤）。また、あらかじめ定款によって買受人を定めておくこともできる。相対的記載事項である。

　譲渡制限株式を譲渡する場合、株主あるいはすでに譲渡制限株式を取得した株式取得者は、会社に対して当該株式譲渡を承認するか否かの決定をするよう、譲渡承認請求をすることができる（会136、会137①）。なお、株式取得者が譲渡承認請求をする場合には、当該株式の株主名簿上の株主等と共同でしなければならない（会137②）。譲渡承認請求では、①譲渡する株式の数（取得した株式の数）、②譲り渡す者の氏名または名称（株式取得者の指名または名称）、③承認が得られない場合に指定買受人の買取りを請求する場合はその旨を明らかにしなければならない（会138）。

　会社は当該譲渡承認請求に対して、譲渡を承認するか否かの決定を2週間以内に通知しなければならず（会139②）、かかる通知を行わなければ承認したものと看做される（会145①一）。

　会社は、譲渡不承認とする場合、自社での買取り、あるいは指定買取人による買取りのいずれかの方法を選択できる（会140①・④）。

　会社が当該株式を買い取る場合には株主総会の特別決議によって、①対象株

▼譲渡制限株式の譲渡手続

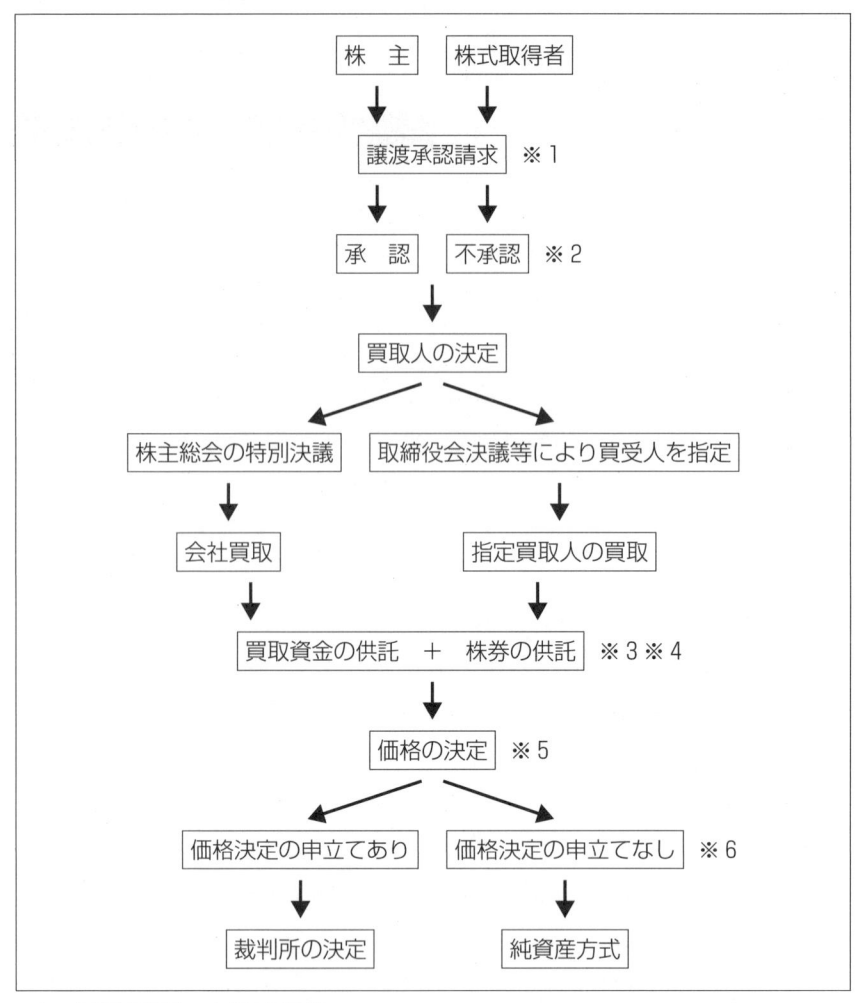

```
        株 主    株式取得者
          ↓       ↓
         譲渡承認請求   ※1
          ↓       ↓
         承 認    不承認   ※2
                  ↓
               買取人の決定
              ↙         ↘
     株主総会の特別決議   取締役会決議等により買受人を指定
          ↓                ↓
        会社買取           指定買取人の買取
          ↓                ↓
         買取資金の供託 ＋ 株券の供託   ※3※4
                  ↓
                価格の決定   ※5
              ↙         ↘
      価格決定の申立てあり   価格決定の申立てなし   ※6
          ↓                ↓
        裁判所の決定          純資産方式
```

※1　会社法第136条、会社法第137条
※2　譲渡承認請求日から2週間以内に譲渡承認請求者に対して通知（会139②、145①）。
※3　会社は、純資産方式により算出される当該株式の価額を供託所に供託し、譲渡承認請求者に供託を証する書面を交付する（会141②）。
※4　株券発行会社の場合、前項の書面を受領した株主は1週間以内に株券を供託所に供託し、その旨を会社に通知しなければならない（会141③）。
※5　原則として当事者間の合意
※6　買取通知から2週間以内であれば、裁判所に対し価格決定の申立てが可能（会144②）。

第1部：新会社法の下での定款変更

式を買い取る旨、②買い取る対象株式の数（種類株式を発行している場合、種類及び種類ごとの数）を決議しなければならない（会140①、②、309②一）。この株主総会においては当該株式の株主は議決権を行使できず（会140③）、定足数の基礎からも排除される（会309②）。

　指定買取人が買い取る場合、取締役会等の決議あるいは定款の定めによって指定される指定買取人が、買取通知の後1週間以内に①指定買受人として指定を受けた旨、②指定買受人が買い取る対象株式の数を通知しなければならない（会142①）。

　その後、会社あるいは指定買受人と譲渡承認請求者との間で、株式の譲渡価格が決定される。価格は会社あるいは指定買受人と譲渡承認請求者との協議によって決定されるが、買取通知から20日以内であれば売買価格決定の申立てを行うことも可能である（会144①・②）。売買価格決定の申立てがなされた場合、裁判所は譲渡承認請求時における会社の資産状態その他一切の事情を考慮し、売買価格を決定する。一方、売買価格についての協議が整わないにもかかわらず、売買価格決定の申立てがなされない場合には、純資産方式によって算出される額が売買価格となる（会144⑤）。

　指定買受人の決定機関は譲渡承認機関と同様に合議体でなければならないなどの制約はないが、実務上は譲渡承認機関が決定するということになるであろう。合弁会社などの契約によって買取機関が決定されている場合には、具体的な買取人を記載することも検討する余地がある。

(5)　相続人に対する売渡請求

現　行	変更後
〔新設〕	（相続人等に対する売渡しの請求） 第○条　当会社は、相続その他の一般承継により当会社の株式を取得した者に対し、当該株式を当会社に売り渡すことを請求することができる。

譲渡制限株式の一般承継人に対する売渡請求の記載は相対的記載事項である（会174）。

　旧商法においても、株式には譲渡制限を付すことができたが（旧商204①ただし書）、それは株式の「譲渡」を制限するものであり、株主の相続や会社の合併などがあった場合のように当該株式が一般的に「承継」される場合を制限の対象とするものではなかった。そのため株式に譲渡制限を付している会社であっても、相続などを原因として好まれざる者が株主となり、結果紛争が勃発するということがあった。

　そこで、会社法では相続や合併などを原因として包括的な承継が行われた場合には、会社に一般承継人に対する売渡請求権を付与することによってかかる不都合を是正し（会174）、一般承継人に対しては、適正価格による売渡しの機会を付与することによって当該株式の承継者の利益に配慮している（会175）。

　会社は、一般承継があったことを知った日から1年以内に株主総会において①売渡請求を行う株式の数、②①の株式を所有する物の氏名または名称につき、決議を取ったうえで（会175）、当該株式の所有者に対して売渡しを請求する（会176）。

　これに対して、売渡請求を受けた者は、会社との間で売渡価格の協議を行うことや、裁判所に対して売渡価格決定の申立てを行うことができる（会177）。

　従来、相続を契機に株主間に紛争が生じるというような事例が頻発していたことを考えると、多くの会社が一般承継人に対する売渡請求についての定款規定を利用するものと予想される。一方、公開会社においても、譲渡制限を付した種類株式を発行する場合や非公開会社を子会社として持つ場合などには、利用を検討すべきであろう。例えば、現在東証などにおいても導入の検討が進められている黄金株などについては、非公開会社の株主以上にそれを所有する株主の個性が問題となるはずである。また、他企業との間でJVを組む際にも活用の余地はあると思われる。

(6) 自己株式の取得

現　行	変更後
〔新設〕	（自己株式の取得） 第○条　当会社は株主総会の決議によって特定の株主からその有する株式の全部または一部を取得することができる。 ②　前項の場合、当該特定の株主以外の株主は、自己を売主に追加することを請求することができない。

　特定の株主から株式を取得する場合の売主追加請求権の排除の定款規定は相対的記載事項である。

　第2章第2節5：2において説明したとおり、会社法では、特段の規定がある場合を除き、自己株式を取得する手続きとしては、①株主総会の決議に基づきすべての株主から自己株式の譲り渡しの申込みを受け付け、買付数を超過する場合には按分で自己株式を取得する方法（会156～159）、②株主総会の決議に基づき特定の株主から自己株式を取得する方法（会160～164）、③上記のモデルにあるように、定款によって自己株式の取得権限を株主総会から取締役会に授権をし、取締役会の決議に基づき市場買付あるいは公開買付によって自己株式を取得する方法（会165）がある。

　そして、会社が特定の株主だけから株式を取得するという内容の特別決議を付議した株主総会を開催する場合には、会社法第156条第1項の株主総会の日の2週間前までに、買取請求の対象に自らも含めるように請求することができる旨を株主に通知しなければならない（会160②・③、会規28）。株主間の平等や不公正な支配を排除するために、他の株主にも株式を会社に売り渡す機会が平等に与えられたものである。しかし、この売主追加請求が広範囲に行使される場合、事実上特定の株主からの株式取得は不可能となる。そこで、全員一致

で定めた定款によってであれば、特定の株主からの取得の場合であっても売主追加請求権を認めないことができるとされている（会164①）。

なお、売主追加請求権を排除する旨の定款変更についても株主全員の同意を得なければならず（会164②）、現実には当初定款において売主追加請求権を排除しておかなければならないこととなろう。

(7) 非公開会社の募集手続

現　行	変更後
〔新設〕	（株式の割当てを受ける権利等の決定） 第○条　当会社は、当会社の株式及び新株予約権を引き受ける者を募集する場合において、その募集事項、株主に当該株式または新株予約権の割当てを受ける権利を与える旨及びその申込みの期日の決定は取締役会の決議によって定める。

　非公開会社は、新株、新株予約権の募集事項の決定権限を定款によって取締役会設置会社では取締役会に、取締役会非設置会社では取締役にそれぞれ授権することができる（会202③、241③）。相対的記載事項である。

　旧商法では、機動的な資金調達を可能とするために新株発行、新株予約権の発行権限は取締役会にあった（旧商280ノ2、280ノ20）。しかし、株式に譲渡制限が付された会社については、株主の支配権維持の利益を無視し得ないことから新株引受権が付与されており、特定者に対して新株や新株予約権を発行するためには、その発行価格が公正な価格による場合であっても株主総会の特別決議が必要であったため（旧商280ノ5、280ノ27）、株主総会の特別決議によって

新株あるいは新株予約権を発行する、というのが原則となっていた。

そこで、会社法では、非公開会社の実態に鑑み、株式及び新株予約権の募集事項の決定権限を原則として株主総会に与え、例外的に定款に記載すれば取締役会（取締役会非設置会社においては取締役）にかかる権限を移譲できるものとした（会202③、241③）。

なお、整備法第76条第3項によって、旧商法の下で株式に譲渡制限を付していた会社については、株式の募集事項を取締役会の決議によって定める旨の定款がなされているものと看做される。

２：機関
(1) 株主総会の招集

現　行	変更後
（招集） 第○条　当会社の定時株主総会は、毎営業年度終了後3か月以内に招集し、臨時株主総会は、必要があるときに随時これを招集する。 ②　株主総会を招集するときは、会日の1週間前までにその通知を発する。	（招集） 第○条　定時株主総会は、毎事業年度終了後3か月以内に招集し、臨時株主総会は、必要がある**場合**に招集する。 ②　〔削除〕

第1項に関しては、実質的な改正がないことは公開会社に関する説明のとおりである。条文の表現に合わせる形式的な変更をすれば足りる。

第2項については、旧商法は譲渡制限会社では定款で招集通知の発送を総会の1週間前を限度として短縮することができるとされていたが（旧商232①）、会社法は、譲渡制限会社では1週間前までに通知を発送すればよいとの規定になったため、定款で記載する必要はなくなった。そこで、本書の定款モデルからは削除している。

(2) 取締役の資格

現　行	変更後
〔新設〕	（取締役の資格） 第〇条　取締役は株主でなければならない。

　旧商法は、定款をもってしても取締役は株主であることを要する旨定めることはできないとされていた（旧商254②）。このような規定が置かれたのは、主に公開会社を念頭におき、取締役には広く適材を求めることが株式会社制度の理念と認識された結果であると説明されている。他方、有限会社法には、このような制限はなかった。

　しかし、株式会社のうち譲渡制限会社は、固定的な株主が継続的に会社経営に関与するので、実態としては有限会社に近い。

　そこで、会社法は、譲渡制限会社は、定款で取締役の資格を株主に限定することも認めることとした（会331②ただし書）。

　上記定款記載例は、この改正を受けて取締役の資格を限定する場合の定めである。

(3) 取締役会の招集通知

現　行	変更後
（取締役会の招集通知） 第〇条　取締役会の招集通知は、会日の3日前までに各取締役及び各監査役に対して発する。ただし、緊急の必要があるときは、この期間を短縮することができる。 ②　〔新設〕	（取締役会の招集通知） 第〇条　〔現行通り〕 ②　次の書類を承認する取締役会の招集通知を発する場合は会計参与に対しても発する。

第1項に関する説明は公開会社と同じ。

第2項は会計参与を設置した会社を念頭においた規定である。会社法は、計算書類作成に関与した会計参与に対する取締役会の招集通知は、会日の1週間前にするのが原則としつつ、定款での短縮を認める（会376②）。本記載例はこれを受けたものである。

(4) 会計参与の設置

現　行	変更後
〔新設〕	（会計参与） 第○条　当社は会計参与を置く。

会社法は、計算書類の適正さを確保する見地から、会計参与制度を創設した。会計参与制度とは、公認会計士または税理士の資格を有する者が会社の機関として取締役等と共同して計算書類を作成する制度である。会計参与は、株式会社の規模にかかわらず、定款に記載することで任意に設置することができる機関である（会326②）。上記記載例は、新会社法の規定を受けて会計参与制度を採用した場合の記載例である。なお、取締役設置会社は監査役を置かなければならないとされているが、会計参与を置いている場合には、監査役を置かない機関設計も可能である。

(5) 会計参与の選任

現　行	変更後
〔新設〕	（選任） 第○条　会計参与は株主総会の決議によって選任する。 ②　会計参与の選任決議は、議決権を行使することができる株主の議決権の3分の1以上を有す

新法施行により影響を受ける定款記載事項

| | る株主が出席し、その議決権の過半数をもって行う。 |

　会計参与を選任する株主総会の決議方法は、原則として、議決権を行使することができる株主の議決権の過半数を定足数とし、出席株主の議決権の過半数が決議要件とされている（会341）。しかし、上記決議要件のうち定足数については、定款の定めをもって、議決権を行使することができる株主の議決権の3分の1以上に緩和することができる。

　上記記載例は、取締役・監査役と同様、会計参与の選任についても定足数を下限まで緩和した場合の記載例である。

(6)　会計参与の任期

現　行	変更後
〔新設〕	（任期） 第○条　会計参与の任期は、選任後2年以内に終了する事業年度のうち最終のものに関する定時株主総会終結の時までとする。 ②　増員により、または補欠として選任された会計参与の任期は、他の在任会計参与の任期の満了すべき時までとする。

　会計参与の任期は、取締役と同様、原則2年であるが、非公開会社は定款をもって、最長10年まで伸張することができる（会334①、332②）。また、定款または株主総会の決議により任期を短縮することもできる。上記定款記載例は、会社法の原則どおり2年とした場合の記載例である。

(7) 報酬等

現　行	変更後
〔新設〕	（報酬等） 第○条　会計参与の報酬等は株主総会の決議によって定める。

　会計参与の報酬等は、定款にその額を定めない限り、株主総会の決議によって決定する（会379①）。上記記載例は、取締役・監査役と同様株主総会で上限額を定める場合である。

(8) 責任免除

現　行	変更後
〔新設〕	（会計参与の責任免除） 第○条　当会社は、会社法第427条第1項の規定により会計参与との間に、任務を怠ったことによる損害賠償責任の限定をする契約を締結することができる。ただし、当該契約に基づく責任の限度額は○○万円以上で、あらかじめ定めた金額または法令で規定する額のいずれか高い額とする。

　上記記載例は、社外取締役の責任免除と同様、会計参与が責任限定契約をした場合について規定するものである（会427）。

(9) 監査役の設置

現　行	変更後
〔新設〕	（監査役の設置） 第○条　当会社は、監査役を置く。

　公開会社の定款記載例でも説明したとおり、公開会社以外の会社においては監査役の設置は任意化された（ただし、非公開会社でも、会計参与設置会社以外の取締役会設置会社及び会計監査人設置会社については監査役をおかなくてはならない（会327②、③））。上記記載例は、監査役を設置する会社の記載例である。なお、会社法施行時に存在する株式会社については監査役設置の定款規定があるものとみなされるが（整76②）、形式的な定款変更をして置くことが望ましいことも、公開会社の場合に指摘したことと同じである。

(10) 監査役の監査範囲の限定

現　行	変更後
〔新設〕	（監査範囲の限定） 第○条　監査役は会計に関するものに限り監査を行う。

　旧商法及び旧商法特例法上、小会社（資本金1億円以下であって負債の合計額が200億円未満の会社）の監査役の監査範囲は会計監査に限定されていた（商特22）。会社法は、監査役は原則として業務監査権限を有することとし（会381①）、監査役会設置会社及び会計監査人設置会社以外の非公開会社については、定款で会計監査に限定することができることとした（会389①）。会社法施行に際して、現在の小会社の定款には、監査役の監査の範囲を限定する旨の規定があるものとみなされるが（整53）、規定の明確性という観点からは、上記記載例のように改めた方がわかりやすいだろう。

(11) 監査役の資格の限定

現　行	変更後
〔新設〕	（監査役の資格） 第○条　監査役は株主でなければならない。

取締役と同様、監査役を株主に限定する場合の記載例である。

3：計算

(1) 期末配当金

現　行	変更後
（利益配当金） 第○条　当会社の利益配当金は、毎年3月31日の最終の株主名簿に記載または記録された株主または登録質権者に支払う。	（期末配当金） 第○条　当会社は、**株主総会の決議によって**、毎年3月31日の最終の株主名簿に記載または記録された株主または**登録株式質権者**に対し、**金銭による剰余金の配当**（以下、「期末配当金」という）を支払う。

　会社法の下では、従来の利益配当金は、剰余金の配当と位置付けられ、剰余金の配当については株主総会で一定の事項を決議する必要がある。剰余金の配当は、公開会社の定款記載例で説明したとおり、取締役会決議で行うことも可能であるが、非公開会社ではあまりそのニーズは高くないと思われるので、原則どおり、株主総会決議を経るものとして記載例を挙げた。

(2) 除斥期間

現　行	変更後
（除斥期間） 第○条　利益配当金が、支払開始の日から満3年を経過してもなお受領されないときは、当会社はその支払いの義務を免れる。	（除斥期間） 第○条　期末配当金は、支払開始の日から満3年を経過してもなお受領されないときは、当会社は、その支払義務を免れる。

利益配当金の表現を期末配当金に改めた。

第4項　委員会設置会社の定款記載例

以下、委員会設置会社の定款記載例で重要なポイントに絞り、記載例を紹介する。

(1) 商法特例法第2章第4節の適用を受ける会社である旨の規定

現　行	変更後
（委員会等設置会社） 第○条　当会社は、「株式会社の監査等に関する商法の特例に関する法律」（以下、「商法特例法」という）第2章第4節に規定する委員会等設置会社に関する特例の適用を受けるものとする。	第○条　〔削除〕

　旧商法では、委員会設置会社は、大会社またはみなし大会社に限定されていた（商特1の③）。しかし、会社法では、すべての株式会社で定款に規定を置くことで委員会設置会社となることを選択できる（326②）。したがって特例の適用を受ける旨の定款規定は不要である。

(2) 委員会を置く旨の定め

現　行	変更後
（各種委員会の設置） 第〇条　当会社には、指名委員会、監査委員会及び報酬委員会を置く。	**（委員会の設置）** 第〇条　当会社は、指名委員会、監査委員会及び報酬委員会を置く。

　旧商法においては、委員会設置会社は3委員会を置かなければならないが、その旨を定款に規定すべきことまでは規定されていない。しかし実際にはほとんどすべての会社で3委員会を置く旨の定款の規定を置いていた。
　会社法では委員会を置く旨の定款の規定を委員会設置会社の要件としている（会326②）したがって会社法の下では委員会設置会社に必要な定款規定を置くべきである。

(3) 株主総会の招集権者及び議長

現　行	変更後
（招集権者及び議長） 第〇条　株主総会は、法令に別段の定めがある場合を除き、取締役会の決議により、執行役社長がこれを招集し、議長となる。 ②　執行役社長に事故があるときは、取締役会においてあらかじめ定めた順序に従い、他の執行役が株主総会を招集し、議長となる。	（招集権者及び議長） 第〇条　株主総会は、法令に別段の定めがある場合を除き、取締役会の決議**によって、取締役会長**が招集する。取締役会長に事故があるときは、あらかじめ取締役会において定めた順序により、他の取締役が招集する。 ②　**株主総会**においては、執行役社長が議長となる。執行役社長に事故があるときは、あらかじめ取締役会において定めた順序により、他の**執行役**が議長となる。

　旧商法下においては株主総会の招集の決定は取締役会が行われなければなら

ないこととされているものの（商特21の7③十）、招集自体は、業務執行行為として執行役が行うことができると解されていた。

しかし、会社法は取締役会設置会社において、株主総会の招集は取締役会の決議により、取締役が採取することとされた（会296③、298④）。

本定款規定は召集者を取締役に改めた例である。

(4) 執行役の報酬等

現　行	変更後
（執行役の報酬及び退職慰労金） 第○条　執行役の報酬及び退職慰労金は、報酬委員会の決議によりこれを定める。 　　　　〔新設〕	**（執行役の報酬等）** 第○条　執行役の報酬**等**は、報酬委員会の決議によりこれを定める。 ②　執行役が当会社の支配人その他の使用人を兼ねているときは、当該兼務に係る使用人の報酬についても同様とする。

会社法においては、使用人兼務の執行役の使用人分の報酬も報酬委員長が決定するとされたので（会404③）これに対応する規定を設けるものである。

第3章
定款変更手続

第1節　法的手続

　旧商法下において、株式会社の定款変更には、株主総会の特別決議を要するとされていた（旧商342①・343。ただし、株式譲渡制限のための定款変更には特殊決議が必要とされていた）。定款変更に関する議案の要領は、総会の招集通知に記載・記録することが必要であった。

　地方有限会社の定款変更には、社員総会の特別決議が必要であった（有47、48）。ただし、総会招集通知に当該議案の要領を記載することは、法律上要求されていなかった。

　株式会社・有限会社ともに、定款の条項が登記事項であるときは、その変更は、本店所在地においては2週間内、支店所在地においては3週間内に登記しなければならなかった（旧商188②、67、498①一、有限会社法13③、85①一、商業登記法79、94）。

　会社法でも定款変更に株主総会決議が必要であることは変わりがない。

　この場合の決議要件は、基本的に現行の株式会社における特別決議要件と同様（会466）である。

第2節　定款変更決議の要否

　会社法施行後の定款記載事項を分類すると、いくつかのタイプに分けられる。すなわち、①整備法で「定款の定めがあるものとみなす」と定められている事項、②定款自治の拡大により新たに定款への追加記載を検討すべき事項、③用

語や条文の規定の変更により変更すべき事項、④変更が不要な事項である。

　このうち、①は、立法で手当てされている以上、本来定款変更の手続を経ることは不要である。ただ、従来、このような場合でも、ほかに変更事項がある場合には一括して総会決議により定款変更手続をとる例が多かった。

　次に、③は、根拠に関する条文や転用している用語が変更されている以上、どのような手続によるかは別として、これにともなって定款が変更を受けるのは当然である。ただ、形式的な事項なので株主総会決議によらず、日常的な業務執行行為として会社法の施行にともなって書面としての定款を修正すれば足りるとする立場もある。

　さらに、②は、会社法の制定にともない、相対的記載事項として会社の意思決定に委ねられている事項は、当然、株主総会に付議し、総会決議によって変更する必要がある。

　そして、④については特に変更不要である。

　以上のように、分析的に見れば、①から④は、定款変更手続の要否において異なる。ただ、どこまで総会決議を経るかについては、会社法施行後の実務の対応も分かれるものと思われる。

第2部 企業防衛策

第1章
企業防衛策の類型

第1節　企業買収から企業を防衛するためには

　企業を買収する手段は、会社を支配しまたは支配権に影響力を与えるため、株主構成において優位に立つことしか基本的にはない。したがって、買収手段は、株式の買い増し、買い占めが中心となる。

　そこで、企業買収から会社を守る手段は、端的にいえば、買収者に株式の買い増し、買い占めを行わせないこと及び買収者側の株主比率をできるだけ上げないようにすることである。また、株式の買い増し、買い占めが進んだ場合に、経営権を有する取締役会での決定権限を奪われないようにすることも、企業買収から会社を守る手段として考えられる。ただし、株主構成で過半数あるいは3分の2以上の支配権を奪われてから取締役の交替等で経営権が奪われるまでの間、取締役会の権限事項であるからといって、株主の利益を無視した経営を行うことは、会社からの損害賠償請求や株主代表訴訟による損害賠償請求の対象になる点に注意を要する。

　企業買収を買収者から見ると、株式の買い増し、買い占めを行っても、利益が得られないことが確実ならば、株式の買い増し、買い占めは行わないはずである。買収者の利益というのは、シナジーなどによる企業価値の向上であったり、被買収会社の資産の売却や買収後の高値買取要求等による利鞘であったり、さまざまである。また、買収にかかるコストが高額になればなるほど、買収者は安易に買収を行うことはできなくなる。

　また、買収される会社の株主から見ると、株式を持ち続けることにより利益

が得られるならば、買収に応じないはずである。また、企業に対する愛着、経営者に対する信頼などの精神的な要素によって買収に応じない株主もいると思われる。株式を持ち続けることにより得られる利益としては、配当による利益や株式の価値の向上が考えられる。

　経営側から見ると、企業価値を毀損するような買収から企業を守ることは、取締役の善管注意義務の一内容となるといえる。他方で、取締役の保身のために防衛策を発動することは、逆に、取締役の善管注意義務違反となり得る。そのような緊張感に立ったうえで、買収されそうになったときに、経営者の判断で機動的に対応できることが必要である。また、自らの判断が司法判断によって覆されることのないよう手続的にも内容的にも適切なものにする必要がある。

第2節　企業防衛策の類型

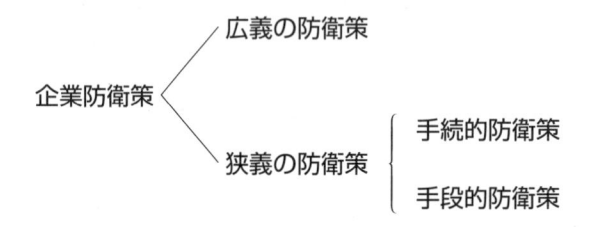

▼企業防衛策の類型

```
              ┌ 広義の防衛策
企業防衛策 ─┤
              │                    ┌ 手続的防衛策
              └ 狭義の防衛策 ─┤
                                    └ 手段的防衛策
```

1：広義の防衛策と狭義の防衛策

　企業防衛策には、企業買収から企業を防衛することを直接の目的とはしないが、結果的に企業買収から企業を防衛する効果が期待できる広義の防衛策と、企業を防衛することを直接の目的とする狭義の防衛策とに分けることができる。

2：広義の企業防衛策

▼広義の企業防衛策

目的	具体的な防衛策
株式時価総額の向上	適切な利益の利用・分配、資産の有効活用
安定株主の増加	株式の持合い、従業員持株制度、取引先持株制度
株主の定着化	積極的なIR活動、株主優待制度の活用、その他の施策

　企業防衛策としてもっとも効果的であると考えられるのは、適切な利益の利用・分配、資産の有効活用などによって効率的な経営を行い、株式時価総額の向上を目指すことである。それによって、買収コストの増大、株主の信頼、今後の株価の向上の見通しなど、買収されにくい要素の多い企業になる。また、安定株主の増加も企業買収から企業を防衛する一手段となる。具体的には従業員持株制度の創設・活用、友好的取引先との株式の持合いなどが考えられる。そのほか、積極的なIR活動、株主優待制度の活用などにより、株主からの信頼を得たり、株主が企業に愛着を持ったりするような施策を講じ、株主の定着化をはかることも、結果的に企業防衛策としての効果が期待できる。

3：狭義の企業防衛策

▼狭義の企業防衛策の設計

手続的防衛策
① 適正な手続の設定・開示
② 適正な手続を担保するための機関設計

手段的防衛策
① 議決権比率の維持・変更
② コストの増大等による獲得利益の減少
③ 株主総会決議の厳格化
④ 委任状勧誘合戦

　狭義の企業防衛策には、大きく分けて、企業買収の局面において採るべき適正な手続を設定・開示するという手続的側面からの防衛策（以下、「手続的防衛策」という）と、企業買収を直接・間接に阻止する手段的側面からの防衛策（以下、「手段的防衛策」という）に分けることができる。手続的防衛策と手段的防

衛策は、防衛策の要素に着目した分類であり、別々のものではない。手続的防衛策の中に具体的な手段的防衛策を組み合わせたり、手段的防衛策に手続的防衛策を組み込んだりすることも考えられる。

　手続的防衛策は、それ自体が直ちに防衛効果を発揮するものではないが、威嚇効果とともに、のちの司法判断を有利にする効果が考えられる。すなわち、買収者から見れば、買収提案をする場合にあらかじめ設定された手続きを意識せざるを得ないことや、敵対的と判断されたときに防衛策を発動されることがあらかじめわかるため、買収側に萎縮効果をもたらすことが期待されるとともに、平時において設定・開示された手続に従って具体的な防衛策が発動されたということにより、具体的な防衛策の発動自体が事後的に適法かつ相当であると判断されることが期待されている。ただし、適法かつ相当であるという司法判断が下されるのは、あくまでも設定された手続と発動された具体的な防衛策が適法かつ適正である場合であって、手続を設定・開示したことによって直ちに具体的な防衛策発動を適法、相当にする効果があるわけではない。

　他方、手段的防衛策は、平時には買収側に対し萎縮効果を与えるとともに、有事には、実際に発動することにより、直接的に企業を防衛する効果をもたらすものである。有事になってから採用できる企業防衛策は、手段的防衛策に限られる。

4：企業防衛策を考える際の注意点

　企業防衛策を考えるに当たっては、主に次の2点を注意する必要がある。①当該防衛策が企業買収から企業を安全かつ効率的に防衛する効果を有すること（安全性・効率性）、および②防衛策導入または発動後、司法判断によりその効果を否定されないようにすること（法的安定性）である。なお、企業防衛策は、企業価値を毀損する買収を排除する効力と同時に、企業価値を毀損しない買収について、買収により企業価値が向上するかどうかを判断するための時間と資料を確保する効力、および、より企業価値（株式価値）を向上するための交渉材料となるだけの抑止力を有していることが必要である。すなわち、企業価値

を毀損する濫用的買収は、手段的防衛策の発動によって排除されなければならないが、そうでない買収に対しては、手段的防衛策の発動を抑止力として、判断に必要な資料と時間を確保して企業価値向上に資すると判断できた買収に対しては最終的には発動せず、また、買収を受け入れるに当たっても、より株式価値を高める交渉が実質的にできるような仕組みとすることが必要である。

第3節　手続的防衛策

1：視点

　手続的防衛策は、適正な手続の設定・開示が中心になる。また、手続の適正を担保するための機関設計も手続的防衛策の前提として有効である。

　手続的防衛策は、前述のようにそれ自体が直ちに防衛効果を発揮するものではない。そして、その内容は、抽象的なものから具体的なものまでさまざまなものが考えられ、有事における防衛策発動までの手続を設定するだけでなく、開示することが重要である。開示することによって、買収者への警告となり、初めて萎縮効果があるからである。手続の設定は、さまざまなものが考えられるが、企業価値の向上という視点から、最終的には株主が適正な判断をできるような手続を設定することが求められるといえる。具体的には、買収が企業価値を高めるものかどうかを評価し、より企業価値を高めるための交渉を行うための十分な時間と情報を確保し、かつ、買収に対する対応に取締役の保身等の恣意が入らないような手続を設定することである。

2：設定する手続の内容

1　防衛策導入目的

　買収防衛策を導入する目的を具体的に掲げることにより、防衛策導入の正当性、相当性を具体的に判断してもらう効果が期待できる。また、当該企業が、企業価値をどこに置いているのか、企業の姿勢を示し、社会的に理解してもらうことも重要である。

2 買収者の情報提供ルール

　買収提案がなされた場合、当該買収が企業価値向上に資するかどうかを買収提案を受けた企業の経営者や株主が判断するには、買収者の提案内容、買収後の経営方針、事業計画案などを正確に把握する必要がある。また、一方で、買収提案を受けた経営者が買収者の提案内容に対して、自らの経営方針や代替案などを示して株主にどちらを選択するか判断してもらうことにより、経営陣の保身などの恣意が入りにくい適正な手続となる。そこで、設定する手続の内容の一つとして、買収者に対し、当該買収が企業価値向上に資するかどうか判断し、また経営陣の代替案の提示を行うために、必要な資料を提出するよう、情報提供を求めるルールを定めることが考えられる。

3 手段的防衛策発動条件

　新株予約権発行、株式分割などの手段的防衛策を発動するための条件を定め、どのような場合に手段的防衛策が発動されるのかを明らかにすることは、手続的防衛策の中で重要な内容である。手段的防衛策の発動条件は、買収者にとっても、株主にとっても、関心を有するところである。また、発動条件如何によっては、手段的防衛策の発動自体が差し止められたりすることもあり、慎重な設計が必要である。

　手段的防衛策発動条件としては、①買収提案者が事前に開示したルールを守らなかったとき、②買収提案を拒絶すべきであると判断したとき、③取締役会、株主総会などの機関が防衛策発動を決議したとき、などいろいろ考えられる。また、④株主が発行済株式総数の20％以上の株式を取得したとき、⑤買収提案がなされたとき、など判断を介在しない形式的条件も考えられるが、その場合は、後述するように手段的防衛策の解除（撤回）条件を定めることが重要になる。

　①については、買収者が守るべきルールを設定した場合には、手段的防衛策発動条件の一つとして通常挙げられる。この場合、買収者が守るべきルールが適正なものでなければ、設定する意味がないといえよう。

②については、買収が企業価値を向上させないものであると判断するのは誰か、どれくらいの期間で判断するか、などが問題となり得る。判断者としては、社外の有識者等で構成される、企業から中立的な立場の特別委員会とする場合や、通常の取締役会とする場合、株主総会とする場合などが考えられるが、判断者を誰にするにしろ、判断の中立性、客観性が確保される仕組みが必要である。また判断に必要な期間は、実質的な判断ができるためにある程度の期間は必要と考えられるが、あまり長過ぎると株主や社会からの批判を受ける可能性がある。

　③については、株主総会で判断すれば基本的には問題はないと考えられるが、臨時株主総会の招集手続にかかる期間と買収手続にかかる期間（例えば、公開買付期間）との関係で、買収防衛策としての意味があるよう設計する必要が出てくる。また、株主が適切な判断ができるよう配慮が必要である。取締役会で判断することは、司法判断においてその効果を否定される可能性及び取締役の損害賠償責任を問われる可能性を考慮して、判断の客観性、中立性を確保する仕組みを考えなければならない。

4　手段的防衛策解除条件（撤回条件）

　買収者の出現前に防衛策としての新株予約権などを発行しておく場合や、手段的防衛策の発動を買収者の出現にかからしめている場合には、手段的防衛策を解除（撤回）する条件を設定することにより、買収防衛策として効果を発揮すると考えられる。買収者が出現した事実のみをもって手段的防衛策が発動する場合、解除条件（撤回条件）がなければ、買収者は手段的防衛策を故意に発動させたうえで、発動された手段的防衛策を司法判断により排除したり、取締役の損害賠償責任を追及したりすることにより、企業価値とは無関係に買収を進めることもあり得る。そこで、適切な解除条件（撤回条件）を事前に設定・開示しておくことで、買収者は、撤回を求めて対象企業の経営者と交渉せざるを得なくなることになる。そして、そのようなルールを定めておくことで、設定したルールを守らない買収者の買収を阻止する防衛策発動の適正が担保され

ると考えられる。

5 その他の手続

その他、各社各様に手続を定めることは可能である。買収提案において買収者が守るべきルールをより具体化することや、買収提案から防衛策発動の要否の判断、買収受入または拒否までの手続を具体的に定めることも考えられる。

また、手続的防衛策自体の導入手続、変更手続、撤回手続を定めておく必要がある場合もあるだろう（具体例として、第3部第5章第1節）。

3：開示方法

開示の方法としては、プレスリリース、ホームページなどの媒体を利用する方法が一般的である。特に手続きを設定しただけで、具体的な防衛策について特定していないような場合には、買収に対する防衛手続を設定したという事実を社会に周知させることが重要であるから、できるだけ人目に触れる媒体を利用する必要があるであろう。

4：具体例―事前警告型

事前警告型とは、簡単にいえば、買収者が現れた場合の防衛策発動の手続をあらかじめ定めて公表するものである。具体的には、買収者が守るべきルールや敵対的であるかどうかの判断方法・手続を定め、一定の要件を満たす場合に防衛策を発動する、と開示することによってあらかじめ企業買収における対抗措置を警告しておくものである。事前警告型を採用しても、それが直ちに防衛策を適法かつ相当なものとする効果があるわけではない。事前警告型には、買収者が買収ルールに従う限り、取締役会は対抗措置はとらず、買収者の買付提案に応じるか否かを株主の判断に任せる株主判断支援型（客観解除要件設定型）と、独立性の高い社外取締役や有識者などの助言を参考に、取締役会が株主に代わって防衛策の発動、維持、解除を決定する株主判断代替型（独立社外者チェック型）に分類される。

事前警告型の具体例としては、以下のものが挙げられる。

1　株主判断支援型
【松下電器産業】
　松下電器産業株式会社は、平成17年4月28日、「当社株式の大規模な買付行為に関する対応方針（ESVプラン）について」を発表した。その概要は、同社に対して大規模買付行為を開始した買付者に、株主の適切な判断及び取締役会としての意見形成のための十分な情報を提供させ、取締役会はこれを評価・検討したうえで取締役会としての意見を形成し、必要に応じて大規模買付者と交渉したり、代替案を提示したりし、最終的に大規模買付行為を受け入れるかの判断を株主に委ねる、というものである。なお、同社の設定した大規模買付ルールを遵守しなかった場合には、対抗措置をとることを警告している。その他の概要は、以下のとおり。
［大規模買付者が提供すべき情報］
　①　大規模買付者及びそのグループの概要
　②　大規模買付行為の目的及び内容
　③　買付対価の算定根拠及び買付資金の裏付け
　④　大規模買付行為完了後に意図する同社経営方針及び事業計画
［取締役会による評価、検討、交渉、意見形成、代替案立案のための期間］
　60日間（対価を現金（円貨）のみとする公開買付による同社全株式の買付の場合）
　　または
　90日間（その他の大規模買付行為の場合）
［対抗措置発動条件］
　大規模買付者が大規模買付ルールを遵守しなかった場合
　※　ただし、同社の「ESVプランについてのご質問と当社の回答」の中で、「大規模買付行為が当社に回復し難い損害をもたらすことが明らかであると取締役会が判断した場合」にも対抗措置をとることがあるとしている。
［対抗措置］

株式分割、新株予約権の発行等、商法その他の法律及び同社定款が取締役会の権限として認める措置
［対抗措置としての新株予約権］
　・株主に対する無償割当て
　・譲渡制限付
　・行使期間、行使条件、消却条件その他必要な事項は取締役会で定める。

2　株主判断代替型
【阪急ホールディングス】
　阪急ホールディングス株式会社は、平成18年1月20日、「当社株式の大量取得行為に関する対応策の導入について」を発表した。その概要は、同社株式の買付が行われる場合に、買付者または買付提案者（以下、「買付者等」という）に対し、事前に当該買付に関する情報の提供を求め、同社が当該買付についての情報収集・検討等を行う期間を確保した上で、同社株主に経営陣の計画や代替案を提示したり、買付者等との交渉等を行い、その手続の中で、同社の独立委員会が新株予約権の発行の是非について勧告を行い、取締役会がその勧告を最大限尊重して最終的な決定を行う、というものである。特色としては、同社の独立委員会は、中立的立場に立ち、当該買付者等との協議・交渉、代替案の提示を取締役会を通じて行うほかに、独立委員会が直接行うことも認めていること、独立委員会は、取締役会、買付者の双方に対して、情報提供等の要求を行うこと及び取締役会の手続不遵守によっても、対抗措置の発動をしない旨の勧告をする仕組みとなっていることが挙げられる。その他の概要は、以下のとおり。
［買付者等が提供すべき情報］
　①　買付者等及びそのグループの詳細
　②　買付の目的、方法及び内容
　③　買付価格の算定根拠
　④　買付資金の裏付け

⑤　買付後の同社グループの経営方針、事業計画、資本政策及び配当政策その他買付後における同社の社員、取引先、顧客その他の同社に係る利害関係者の処遇方針

⑥　その他独立委員会が合理的に必要と判断する情報

［独立委員会による検討期間］

最長60日間（ただし、一定の場合延長可）

［対抗措置発動条件］

①　買付者等が手続を遵守しなかった場合

②　買付者等の買付内容の検討、買付者等との交渉の結果、買付者等による買付が同社の定める「本新株予約権発行の要件」に定める要件のいずれかに該当し、本新株予約権を発行することが相当と判断した場合

※　同社の「本新株予約権発行の要件」には、手続を遵守しない買付、企業価値・株主共同の利益に対する明白な侵害をもたらすおそれのある買付、強圧的二段階買付等株主に株式の売却を事実上強要するおそれのある買付などが挙げられている。

［対抗措置］

差別的行使条件付新株予約権の発行

5：手続の適正を担保するための機関の設計

　手続的防衛策においては、少なからず、判断の客観性、経営陣からの独立性などが要求される。したがって、そのような判断が日常的にできる機関設計をあらかじめしておくことにより、手続的防衛策に資すると考えられる。

1　委員会設置会社

　会社法は、執行と監督を分離させ、監督機能を充実させる機関設計として、委員会設置会社を定めている。委員会設置会社とは、指名委員会、監査委員会及び報酬委員会を置く株式会社である（会2二十二）。委員会設置会社においては、各委員会の委員の過半数は社外取締役でなければならない（会400③）。そして、各委員会は3名以上の取締役で組織しなければならないため（会400①）、

最低でも社外取締役が２名は必要である。そこで、委員会設置会社においては、比較的客観的な判断ができる仕組みがとりやすい機関構造となっているといえよう。また、社外取締役は会社の実情や企業価値の源泉を把握していることが多いため、有事において客観的立場からのより実質的な判断が期待できる。そのうえ、社外取締役は取締役であるため、株主または第三者たる買収者に対して、取締役としての責任を負っていることから（会423、429）、買収者とは何の関係もない有識者よりも、より緊張関係の下での判断が期待できるとも考えられる（具体的な定款記載事項の記載例は、第３部第３章第７節）。

② 独立取締役・独立監査役

　会社法においては、社外取締役、社外監査役といった「社外」の概念が導入されているが、独立取締役、独立監査役といった「独立」という概念は採用していない。ここで、社外取締役とは、役員、従業員等の身分を問わず、当該株式会社及び子会社の業務を執行したことのない取締役である（会２十五）。また、社外監査役とは、過去に当該株式会社及び子会社の取締役、会計参与、執行役または支配人その他の使用人になったことがない監査役である（会２十六）。この場合の「社外」の概念は、当該株式会社の業務執行との関係で定義づけされているため、代表取締役の親族、縁故者、当該会社の取引先、親会社の取締役など、中立的な立場から発言できるかどうか不透明な者も「社外」になってしまう。そこで、定款等で、会社法における「社外」よりももっと独立性が高いと思われる者を社外取締役、社外監査役の要件とすることにより、客観的、中立的な判断を期待できる機関設計が可能になるであろう。会社法では取締役や監査役の独立性について明確には定義づけられていないが、役員選任議案に関する株主総会参考書類記載事項が独立性を考えるうえで参考になる。すなわち、社外取締役や社外監査役（社外取締役と社外監査役とを合わせて以下、「社外役員」という）を選任する議案を提出する場合、当該社外役員候補者が、①当該株式会社の親会社や兄弟会社、主要取引先などの業務執行者であったり、②当該株式会社の親会社や兄弟会社、主要取引先などから多額の金銭その他の

財産を受ける予定があったり、または過去2年間に実際に受けていたり、③当該株式会社の親会社や兄弟会社、主要取引先などの業務執行者の配偶者や3親等内の親族であったり、④過去2年間に合併等をした場合に合併の相手方の業務執行者であったりしたことを会社が知っていた場合、株式会社は株主総会参考書類において、その旨を書かなければならないことになっている（会規74④六、76④六）。また、現に社外役員である場合には役員に就任してからの年数（会規74④七、76七）も記載しなければならない。これらの記載は、社外役員が、本来の役割である客観的・中立的判断ができるかどうかを株主が判断する際の材料になる。そこで、社外役員の会社からの独立性に関する事項を定款で定めるに当たり、以上のような事実がないことを要件として定めることが考えられる。

第4節　手段的防衛策

▼手段的防衛策

類　型		具体的防衛策
議決権比率の維持・変更	維持	・上場廃止 ・防戦買い ・防戦的自社株買い ・増配（配当政策）
	変更	・株式発行・自己株式処分 ・新株予約権の利用 ・取得請求権付・取得条項付株式の利用 ・種類株式の利用 ・複数議決権株式の利用 ・組織再編行為の利用 ・逆買収（パックマン・ディフェンス） ・授権資本枠の拡大
コストの増大等による獲得利益の減少		・取締役に対する退職慰労金の支払い（ゴールデン・パラシュート） ・従業員に対する退職金の支払い（ティンパラシュート） ・資産等の処分（クラウンジュエル） ・取引先等との契約条項による拘束

企業防衛策の類型

	・株式分割・株式の無償割当て
株主総会決議の厳格化	・株主総会の決議要件の加重 ・拒否権付株式（黄金株）の利用
経営権獲得の遅延化	・取締役の定員枠の削減 ・期差選任制
委任状の個別取得	・委任状勧誘合戦

1：視点

　手段的防衛策は、企業買収に対する対抗策として、直接的に企業を防衛する効果があるものである。したがって、手段的防衛策は、その発動により既存の株主にも影響を及ぼす防衛策も多い。そこで、手段的防衛策を考えるに当たっては、法的安定性を保ちながら、効率的に買収効果を上げるため、買収者以外の株主にまで防衛策の効果が及ぶことを極力避けて、買収者のみに焦点があたるよう工夫が必要である。手段的防衛策の類型としては、①議決権比率の維持・変更、②コストの増大等による獲得利益の減少、③株主総会決議の厳格化、④経営権獲得の遅延化、⑤委任状の個別取得に分類できる。

2：議決権比率の維持・変更

　企業の買収は、買収対象企業の株式の買い増し、買い占めが中心とならざるを得ないので、買収者が株主総会の議決権比率において優位にならないよう、議決権比率を維持し、または、議決権比率を意図的に変更させて一度優位に立った買収者の議決権比率を下げることが、買収を成功させないための一手段となる。

1　議決権比率を維持する方法

　議決権比率を維持するには、既存の株主が買収者に株式を売却しないようにしなければならない。そこで、株式を売買しにくくする方法や株式を売却しないインセンティブを高める方法が考えられる。具体的には、上場廃止、防戦買

い、防戦的自社株買い、増配（配当政策）が挙げられる。

(1) 上場廃止（株式の非公開化：ゴーイング・プライベート）

　株式の上場を廃止することにより、株式は証券取引所で取引できなくなるため、不特定多数の者が自由に売買する機会がなくなる。買収者は、証券取引所に上場されている間は容易に買収対象企業の株主と接触することができるが、上場廃止になってしまうと、株主を見つけ出すことが困難になる。それによって、株式の買い増し、買い占め自体を困難にする効果が期待できる。ただし、市場からの資金調達が不可能になる。

　上場廃止の方法としては、経営陣などの会社関係者による買収（MBO・マネジメント・バイアウト）、上場廃止する会社の資産を担保とした資金調達による買収（LBO・レバレッジド・バイアウト）の方法がとられることが多い。

【ワールド】

　平成17年7月25日、東証一部、大証一部上場の大手アパレル企業である株式会社ワールドは、MBOの方法による株式の非公開化を発表した。具体的な方法としては、ワールドの代表取締役が全額出資する会社の子会社（ハーバーホールディングスアルファ）が、公開買付により、ワールドの株式を約95％取得し、さらに、公開買付で取得できなかった株式について、ハーバーホールディングスアルファとワールドとが産業活力再生法に基づく金銭交付による簡易株式交換を行って、金銭とワールド株式を交換し、ワールドをハーバーホールディングスアルファの完全子会社とすることにより、東証、大証の上場廃止基準に従った株式の非公開化を実現した（『株式会社ハーバーホールディングスアルファによる当社株式の公開買付けの結果に関するお知らせ』株式会社ワールドの平成17年9月2日付プレスリリース、『株式交換実施に関するお知らせ』株式会社ワールドの平成17年12月1日付プレスリリース）。

　ワールドの平成17年7月25日付プレスリリース（『公開買付の賛同に関するお知らせ』）によれば、MBOによる非公開化の理由は、「経営環境の変化に柔軟に対応した機動的な経営戦略や施策を短期的な業績の変動に左右されることな

く迅速に遂行する体制を整備するとともに、さらに自己責任を明確にした経営体制への転換を図るため」である、としている。

【ポッカ】

　平成17年8月22日、東証、名証一部上場の老舗飲料メーカーである株式会社ポッカコーポレーションも、MBOの方法による株式の非公開化を発表した。具体的な方法としては、投資事業有限責任組合の子会社による株式公開買付および産業活力再生法に基づく金銭交付による簡易株式交換により完全子会社化する方法であり、ワールドと同様の手法をとった。

　ポッカの平成17年8月22日付プレスリリース(『公開買付の賛同とMBOの実施に関するお知らせ』)によれば、MBOによる非公開化の理由は、「事業構造の抜本的見直しを実施し、「再成長のための決断と実行」を図る」ための諸施策を、「短期的な業績の波にとらわれず、迅速に遂行する体制を整備するとともに、自己責任を一層明確にした経営体制への転換を図るため」である、としている。

(2)　防戦買い

　防戦買いとは、有事において、買収対象会社と友好関係にある第三者(ホワイト・ナイト)が、買収対象会社の株式を取得することである。防戦買いをするには、市場取引による取得と公開買付による方法がある。買収者が公開買付による買収方法をとった場合には、防戦買いも公開買付の方法による方がよい。株主に対し、買収者の公開買付に応じないで、防戦買いを行った第三者の公開買付に応じるという選択肢を与えることができるからである。友好関係にある第三者や買収対象会社に協力する第三者が買収対象会社の株式を買い進めることにより、買収対象会社の経営陣側の議決権が維持されることになり、議決権比率の維持につながる。ただし、防戦買いを行う第三者が、買収対象会社の企業価値向上に資する者かどうかの見極めが必要となってくるであろう。買収者から防衛した後に、今度は、防戦買いを行った第三者との間で、経営方針をめぐる争いに発展する可能性もあるからである。

実際には、防戦買いによって買収対象会社の株式を目標どおり買い進めることができた事案は少ない。

【スティール・パートナーズ対ソトー】
　平成15年12月19日、スティール・パートナーズ・ジャパン・ストラテジック・ファンド—エス・ピー・ヴィーⅠ・エル・エル・シー（以下、「スティール・パートナーズ」という）は、株式会社ソトー（以下、「ソトー」という）の普通株式につき、1株1,150円で公開買付する旨公告した（買付期間は平成16年1月26日まで）。これに対し、同月26日、ソトーは取締役会において公開買付に反対する意見を表明することを決議した。その後、MBOとしてNIFバイアウトマネジメント株式会社（以下、「NIFバイアウトマネジメント」という）が1株1,250円で公開買付を行うことを表明し（買付期間は同年2月26日まで）、平成16年1月15日、ソトーは、取締役会で、NIFバイアウトマネジメントの公開買付に賛同の意見を表明することを決議した。
　その後、スティール・パートナーズは1株1,400円に（買付期間を同年2月16日までに延長）、NIFバイアウトマネジメントは1株1,470円に買付価格を上げた。これに対し、同年2月5日にソトーは、スティール・パートナーズの公開買付にあらためて反対するとともに、NIFバイアウトマネジメントの公開買付に賛同の意見を表明した。そこで、同月12日にスティール・パートナーズは買付価格を1株1,550円に上げ、買付期間を同年2月23日までに延長した。その後、同月16日にソトーが配当政策の見直しを発表したこともあり、結局、どちらの公開買付にも応募株式が少なく、どちらの公開買付も失敗に終わった。

【夢真対日本技術開発】
　平成17年5月10日ころから株式会社夢真ホールディングス（以下、「夢真」という）は、日本技術開発株式会社（以下、「日本技術開発」という）の株式の買い占めを行う意向を示し、同年6月15日から24日までに日本技術開発株式を47万8,000株（発行済株式総数の約5.36％）買い進めた。
　これに対し、同年7月8日、日本技術開発は、「大規模買付行為への対応方針に関するお知らせ」（以下、「大規模買付ルール」という）を公表した。

他方、夢真は同月11日に日本技術開発株式について公開買付を行う取締役会決議をしたと公表した。その後、日本技術開発は、大規模買付ルールに従って、夢真に情報提供を求め、公開買付の開始を延期するよう申し入れたが、夢真は、日本技術開発の大規模買付ルールに合理性がないとして拒絶した。そこで、日本技術開発は同月18日に1株を5株に分割する株式分割の取締役会決議を行った。

　その後、夢真は同月19日に正式に日本技術開発株式について1株110円で公開買付を行う決定をした。この買付価格の設定は1株を5株にする株式分割を踏まえた設定だった。その後、同月20日に日本技術開発は夢真の公開買付に反対する旨を表明したが、同日、夢真は公開買付を開始した。そして、同月21日に夢真は日本技術開発の株式分割差止仮処分命令の申立てを行ったが、同月29日、東京地方裁判所は同申立てを却下した。同日、日本技術開発は大規模買付ルールに基づき、株主割当てによる新株予約権を発行することを公表した。

　同年8月8日、株式会社エイトコンサルタント（以下、「エイトコンサルタント」という）が、日本技術開発株式について1株118円で対抗的公開買付を行うことを取締役会で決議し、日本技術開発の大規模買付ルールに従った意向表明書を提出し、情報提供を行った。同日、日本技術開発はエイトコンサルタントの公開買付に賛同する取締役会決議を行った。そして、日本技術開発とエイトコンサルタントは、エイトコンサルタントが日本技術開発株式を50.10％買い付けることを条件に業務提携を行うことを合意した。

　結局、夢真は公開買付により日本技術開発株式を139万9,000株買い付けたが、買付予定としていた1,745万5,000株には全く届かず、最終的な保有株式数も394万4,000株（10.59％）となった（なお、平成17年10月14日現在では769万2,000株（20.66％）となっている）。他方で、エイトコンサルタントも857万7,958株（24.68％）の買付けにとどまり、当初の予定であった50.10％には全く届かなかった。

【ドン・キホーテ対オリジン東秀】

　平成18年1月15日、株式会社ドン・キホーテ(以下、「ドン・キホーテ」という)は、オリジン東秀株式会社(以下、「オリジン東秀」という)の普通株式に対し、1株2,800円で公開買付(実施期間平成18年1月16日〜同年2月9日)の実施を決定した。

　オリジン東秀は、同月23日、取締役会においてドン・キホーテの公開買付に反対の意見を表明する決議をした。同時に、オリジン東秀はドン・キホーテに対し、質問事項を付した要望書を送付した。

　ドン・キホーテは、同月27日、オリジン東秀経営陣に対する質問事項を付してオリジン東秀の要望書に対する回答書をオリジン東秀に提出した。

　同月30日に至り、イオン株式会社(以下、「イオン」という)が、オリジン東秀の株式に対し、1株3,100円で公開買付の実施を発表し、同日、オリジン東秀は、イオンの公開買付に賛同の意見を表明することを取締役会で決議した。

　同年2月1日、オリジン東秀の労働組合であるオリジン東秀ユニオンも臨時大会において、イオンの公開買付に賛同する組合表明を満場一致で支持することを決議した。

　結局、ドン・キホーテの公開買付に応募した株主は1名、応募株式総数は100株であったため、ドン・キホーテは買付を行わないことを公表した。

　その後、ドン・キホーテは、市場においてオリジン東秀の株式を買い集め、ドン・キホーテおよび特別関係者により、844万5,098株(発行済株式総数の約47.82%)まで買い進められたが、同年2月24日、ドン・キホーテはイオンの公開買付に全株式を応募することを発表し、オリジン東秀の株式をすべて手放した。本事案は、対抗的公開買付が成功した事案である。

(3) 防戦的自社株買い

　防戦的自社株買いとは、有事において、市場で自己株式を取得することである。防戦的自社株買いは、市場に流通する株式を少なくする効果がある。また、市場の浮動株を減らすことにより、買収者の株式取得を困難にすることも期待

企業防衛策の類型

できる。有事に買収者に株式を売却する株主には、買収者に賛成する株主のほかに、有事の高騰した株価に乗じて売却するという株主もいると思われる。そこで、そのような株主から株式を取得することによって、買収者の株式の買い占めを一定程度困難にすることができ、間接的に議決権比率を維持する効果が期待できる。ただし、防戦的自社株買いは決定的な効果をもたらすものではなく、買収者に過半数の議決権を取得されることは十分あり得る。また、取得した自己株式には議決権が認められないため（会308②）、相対的に買収者の議決権割合が増加するという点、財源規制がある点（会461①二）、および取締役の保身目的の自己株式取得は取締役の責任を問われる可能性もある点、注意が必要である。方法としては、市場取引、公開買付により取得する方法が一般的であろう。なお、公開会社（商法上は譲渡制限のない会社）における自己株式の取得は、商法下では、定時株主総会の特別決議による取得（旧商210）と定款授権に基づく取締役会決議による取得（旧商211ノ3）が認められていたが、会社法では、定時、臨時を問わず株主総会の授権決議により取得する方法（会156①）と、定款授権に基づく取締役会決議により取得する方法（市場取引、公開買付の方法に限る）（会165②）とに整理された（具体的な定款の記載方法については第1部第2章第2節5：2）。

(4) 増配（配当政策）

買収者に狙われやすい企業の一つとして、現預金などの流動資産の多い企業や、資本剰余金、利益剰余金が相対的に多い企業が挙げられる。このような企業は、資産を効率的に活用していなかったり、安定配当政策のもと、分配可能額が分配されずに留保されていたりする場合が多い。そこで、買収者にとっては、買収した後、増配を行うことで比較的容易に投下資本を回収できるメリットがある。

そのような企業の場合、買収提案後、剰余金の配当の増額が公表されることにより、株主は、配当を受けるまで株式を保有しておこうというインセンティブが働く。また、配当によって、余剰資金を社外に流出させることにより、買

収するメリットが減少することにもなる。ただし、増配政策をとることのできるのは、十分な分配可能額を社内に留保している場合に限られる。

　増配政策による防衛は、配当する時期が重要となる。すぐに配当することになると、配当後に買収が進行する場合もあるし、また、配当がずいぶん先になるのであれば、配当分のプレミアムを買収者が買取価格に上乗せすることにより、株主が買収者に売却してしまうことも考えられるからである。旧商法下では、定時株主総会（委員会等設置会社の場合、一定の要件を満たせば取締役会）において決議して行う配当のほか、取締役会決議による中間配当以外に配当は認められていなかった。そして、中間配当も、定款により一定の日を定めておく必要があったことから（旧商293ノ5①）、配当時期は硬直的であった。これに対し、会社法においては、株主総会の決議でいつでも配当できるようになった（会454①）。また、取締役会設置会社において、定款に定めることにより、一事業年度の途中において一回に限り、取締役会の決議によって剰余金の配当ができ、配当時期を定款で定める必要もなくなった（会454⑤）。そこで、現在、定款で中間配当の時期を定めている会社は、時期を削除することにより、取締役会で柔軟に中間配当の時期を定めることができるようになる。さらに、委員会設置会社でなくとも、取締役会、監査役会、会計監査人を設置している会社で、取締役の任期を1年以内と定めている会社においては、定款で定めることにより、一定の要件を満たせば、取締役会で剰余金の配当を決定することができるようになる（会459①）（詳細は第3部第5章第2節）。その場合にも、株主総会で剰余金の配当について決議することを妨げるものではないが、定款で株主総会の決議によっては定めないこととすることにより、剰余金の配当を取締役会の専決事項とすることもできる（会460①）（具体的な定款記載事項の記載例は、第3部第5章第2節）。

【スティール・パートナーズ対ソトー・ユシロ化学】
　平成15年12月19日、スティール・パートナーズは、ソトーの普通株式につき1株1,150円で公開買付する旨公告すると同時に、ユシロ化学工業株式会社（以下、「ユシロ化学」という）の普通株式についても、1株1,150円で公開買付す

る旨公告した。これに対し、ユシロ化学は、同月24日に取締役会において公開買付に反対する意見を表明することを決議した。

　また、平成16年1月15日、ユシロ化学は、平成16年度3月期の期末配当額を当初予定の11円から192円に増配するとともに、今後の配当政策について、原則として税引き後利益のすべてを配当として株主に分配することを発表した。この発表を受けて、同社の株価は、1,600～1,900円に高騰し、スティール・パートナーズの公開買付への応募は0株という結果で終わった。

　ソトーも、前述の対抗公開買付による抵抗のほか、同年2月16日に、スティール・パートナーズの公開買付にあらためて反対の意見を表明するとともに、配当政策を見直し、平成16年3月期の期末配当額を当初の6.5円から193.5円に増配し、平成18年3月期末までに、1株当たり総額500円相当の利益還元策を実施する予定である旨発表した。この発表の影響もあってか、スティール・パートナーズの公開買付への応募はソトーの発行済株式の1％弱にとどまり、公開買付の目標を大きく下回った。

2　議決権比率を変更する方法

　議決権比率を意図的に変更するには、買収者以外の者が議決権を行使できる株式を新たに取得、保有することにより、買収者以外の株主（議決権）を相対的に増やさなければならない。そこで、企業防衛策として、買収者以外の者が議決権を行使できる株式を、第三者に新たに取得させる方法を考えることになる。具体的には、株式発行・自己株式処分、新株予約権の利用、取得請求権付株式・取得条項付株式の利用、種類株式の利用、複数議決権株式の利用、組織再編行為の利用が挙げられる。また、買収者の株式を25％以上買い進めることにより、買収者の議決権自体を奪う方法（パックマン・ディフェンス）も考えられる。なお、株式発行等株式の増加を取締役会決議で可能にするため、授権資本枠を拡大しておく必要がある。

(1) 株式発行・自己株式処分

　株式を発行することにより、発行済株式総数が増加するとともに、議決権を有する株主が増加し、その分、既存の株主の議決権の比率は低下する。また、自己株式を処分することによって、議決権を有する株主が増加し、その分、既存の株主の議決権の比率は低下する。そして、発行する株式や処分する自己株式を友好的な第三者（株主を含む）（ホワイト・ナイト）に割り当てることにより、買収者の企業買収を困難にする効果がある。なお、株式を発行する場合には定款で定められた発行可能株式総数の制限を受けるため、発行可能株式総数（授権資本枠）を増加する定款変更をしておくことが必要になる。

　なお、買収者による公開買付などの手続きが開始された場合に、迅速に株主割当てによる株式発行を行うため、新株発行登録制度を利用することも有効である。

　株式発行・自己株式処分が行われた場合、株主はその株式発行・自己株式処分が、①法令または定款に違反する場合、②著しく不公正な方法により行われる場合で、かつ、株主が不利益を受けるおそれがあるときは、株式発行・自己株式処分をやめることを請求することができる（差止請求）（会210）。①の例としては、特に有利な払込金額であるにもかかわらず（いわゆる有利発行）、株主総会の特別決議を経ていない場合がよくあるケースとして挙げられる。②は、いわゆる不公正発行といわれるもので、資金調達の必要がないにもかかわらず、取締役が支配権の維持をはかることを主要な目的とするなどの不当な目的を達成する手段として株式を発行することである。防衛策として、株式発行・自己株式処分を考える場合には、司法判断によりその効果を否定されないよう、発動する際の判断の客観性、経営陣からの独立性などを保ち、不公正発行とならないような仕組みを考えなければならない。

【宮入バルブ新株発行差止仮処分命令申立事件】

　平成15年8月には株価200円台で推移していた株式会社宮入バルブ製作所（以下、「宮入バルブ」という）の株式は、平成15年9月頃から株価が上昇しはじめ、平成16年3月～4月は1,000円台で推移していた。そのような中で、宮入バル

ブは、平成16年5月18日に、1株当たり393円で同社の普通株式770万株（発行後の議決権総数に占める割合32.08%）を第三者割当増資の方法によって発行する旨の決議を取締役会で行った。そこで、本取締役会決議に対し、株主が本件新株発行を仮に差し止める旨の仮処分を求める申立てを行った。

　裁判所は、以下の理由で仮処分を認める決定をした。

① 　商法第280条ノ2第1項第八号（会199③）の「特ニ有利ナル発行価額」とは、公正な発行価額よりも特に低い価額をいう。

② 　株式会社が普通株式を発行し、当該株式が証券取引所に上場され証券市場において流通している場合、新株の公正な発行価額というには、原則として、発行価額決定直前の株価に近接していることが必要である。

③ 　本件発行価額は、平成16年5月17日時点の証券市場における1株当たりの株価1,010円と比較して約39%に過ぎない。

④ 　また、社団法人日本証券業協会が定めた自主ルールは、一応の合理性を認めることができるが、本件新株発行決議の日の直前日の価額に0.9を乗じた909円と比較して約43%、本件新株発行決議の日の前日から6か月前までの平均の価額に0.9を乗じた650円と比較しても約60%に過ぎない。

⑤ 　したがって、本件発行価額は、本件新株発行決議の直前日の株価と著しく乖離しており、こうした乖離が生じた理由が客観的な資料に基づいた結果であると認めることはできず、その算定方法が公正発行価額の趣旨に照らし合理的であるとはいえない。よって、本件発行価額は「特ニ有利ナル発行価額」に該当し、株主総会の特別決議を経ずに行われた本件新株発行は違法である。

【ベルシステム24新株発行差止仮処分命令申立事件】

　株式会社CSK（以下、「CSK」という）は、もともと株式会社ベルシステム24（以下、「ベルシステム24」という）の株式のうち、発行済株式総数の39.17%を実質的に保有していた。そのような状況の中、平成14年頃から、CSKからの数名の役員派遣の申し入れをベルシステム24が拒否するなど、両者の間に確執が生じ始めていた。そして、平成16年には、CSKから、適切な中長期成長戦

略の検討要請がなされ、同年6月18日には、取締役選任等につき株主提案権の行使がなされた。そのような中で、ベルシステム24は同年7月20日の取締役会決議で、ソフトバンク株式会社（以下、「ソフトバンク」という）の100％子会社であるソフトバンクBB株式会社（以下、「ソフトバンクBB」という）と包括的業務提携にかかる事業計画のための資金調達につき、日興プリンシパル・インベストメンツ株式会社の100％子会社であるNPIホールディングス株式会社（以下、「NPI」という）へ第三者割当増資を行う旨の決定をした。この第三者割当増資の実施により、NPIがベルシステム24の51.49％の議決権を有する筆頭株主となり、CSKの保有株式割合は、39.17％から19.00％に低下することになる状況であった。

そこで、同日、CSKは、当該新株発行決議はベルシステム24の現経営陣の支配権維持を目的として行われたものであって、商法第280条ノ10（会210）の「著シク不公正ナル方法」による新株発行であるとして、新株発行差止仮処分の申立てを行った。

これに対し、東京地方裁判所（以下、「東京地裁」という）は、同年7月30日、本件新株発行は著しく不公正な方法によるものとは認められないとして申立てを却下し、これを不服としてCSKが行った抗告に対しても、東京高等裁判所（以下、「東京高裁」という）は、同年8月4日に棄却の決定を行った。

東京地裁、東京高裁の決定理由は以下のとおりである。

[東京地裁]
① 商法第280条ノ10にいう「著シク不公正ナル方法」による新株発行とは、「不当な目的を達成する手段として新株発行が利用される場合」をいう。
② 株式会社においてその支配権につき争いがあり、従来の株主の持株比率に重大な影響を及ぼすような数の新株が発行され、それが第三者に割り当てられる場合に、その新株発行が特定の株主の持分比率を低下させ現経営者の支配権を維持することを主要な目的としてされたものであるときは、不当な目的を達成する手段として新株発行が利用される場合にあたる。
③ 本件は、ベルシステム24の支配権につき争いがあり、従来の株主の持株

比率に重大な影響を及ぼすような数の新株が発行され、それが第三者に割り当てられる場合であり、その結果、特定の株主の持株比率が低下することが認められる。

④　また、本件新株発行の検討に先立ち、ベルシステム24の代表者をはじめとするベルシステム24の現経営陣の一部が、CSKの持株比率を低下させて、自らの支配権を維持する意図を有していたことが推認できないではない。

④　しかし、ベルシステム24には、本件業務提携に係る事業計画のために本件新株発行による資金調達を実行する必要があり、かつ当該事業計画自体には一応の合理性があると判断できる。

⑤　そこで、少なくとも本件新株発行の決議時点において、本件新株発行がベルシステム24の現経営陣の支配権維持を主要な目的とするものであったこと、すなわち、本件新株発行がそのような不当な目的を達成する手段として利用されたものであると認めることはできない。

⑥　したがって、本件新株発行が著しく不公正な方法による新株発行としてその差止めを命ずべきものとまでは解することができない。

［東京高裁］

①　本件新株発行において、ベルシステム24代表者をはじめとするベルシステム24の現経営陣の一部が、CSKの持株比率を低下させて、自らの支配権を維持する意図を有していたとの疑いは容易に否定することができない。

②　しかし、ベルシステム24には本件事業計画のために本件新株発行による資金調達を実行する必要があり、かつ、競合他社その他当該業界の事情等に鑑みれば、本件業務提携を必要とする経営判断として許されないものではなく、本件事業計画自体にも合理性があると判断することができる。

③　仮に、本件新株発行に際しベルシステム24代表者をはじめとするベルシステム24の現経営陣の一部において、CSKの持株比率を低下させて、もって自らの支配権を維持する目的を有していたとしても、支配権の維持が

本件新株発行の唯一の動機であったとは認め難いうえ、その意図するところが会社の発展や業績の向上という正当な意図に優越するものであったとまでも認めることは難しく、結局、本件新株発行が商法第280条ノ10所定の「著シク不公正ナル方法」による新株発行に当たるものということはできない。

(2) 新株予約権の利用

　会社が新株予約権を発行し、割り当てられた者が実際に新株予約権を行使することにより、議決権を有する株主が増加して既存の株主の議決権比率は低下する。また、その新株予約権を友好的な第三者に割り当てることにより、買収者の企業買収を困難にする効果がある点は、株式発行と同様である。ただ新株予約権の発行によって株式は直ちに増加せず、新株予約権が行使されることにより、株式が増加し議決権比率が変動する点が、株式発行の場合と異なる特色であり、また、企業防衛策として導入するに当たって注意を要する特徴である。なお、新株予約権について差別的行使条件（例えば、株式を20％以上保有している者が有する新株予約権については行使できないとすること）を付けても、新株予約権は株式ではないので株主平等原則に反しない（会109①）。

　なお、公開買付などの手続きが開始された場合に、迅速に株主割当による新株予約権の発行を行うため、新株予約権の発行登録制度の利用が有効であることは株式発行の場合と同様である。

　新株予約権についても、①法令または定款に違反する場合、または②著しく不公正な方法により行われる場合で、株主が不利益を受けるおそれがあるときに、株主に差止請求が認められている（会247）。

　また、会社法においては、取得条項付新株予約権を発行することが明文で認められたことから（会236①七）、取得条項付新株予約権の活用も考えられるところである。取得条項付新株予約権とは、「一定の事由」が生じたことを条件として会社が取得できる新株予約権のことであり、会社が新株予約権を取得するのと引換えに当該会社の株式や社債、他の新株予約権、新株予約権付社債、

その他の財産（金銭など）を交付することを定めることができる。例えば、買収提案について、取締役会が反対したことを「一定の事由」とする取得条項付新株予約権を発行し、当該新株予約権と引換えに当該会社の株式を交付することにしておけば、買収者の買収提案に、取締役会が反対すれば、新株予約権者の予約権行使の有無とは関係なく、当該会社の株式が新株予約権者に交付されることになる。「一定の事由」としては、その他に議決権の20％以上の株式を保有する株主が新たに現れた場合、などが考えられる。

　新株予約権を企業防衛策の一つとして導入する場合、前述のとおり、直ちに株式が増加するわけではない。そのうえ、一定の時期の株主全員に新株予約権を与えたとしても、株式と新株予約権は別個であって、別々に譲渡でき、株式の移転にともなって新株予約権も当然には移転しない（随伴性がない）。そこで、平時の一定の時期の株主全員に企業防衛策として新株予約権を与えると、有事になるまでに株式と新株予約権がバラバラに譲渡され、有事に至って新株予約権が行使されることにより、株式の価値が希釈化されるという不利益が生じる。また、新株予約権の行使の可能性が潜在することにより、株式の価値を著しく低下させる可能性もある。実務においては、信託を利用する方法などにより、敵対的買収者が出現した時点での株主に新株予約権が与えられるように工夫がされている。企業防衛策としての新株予約権には、買収者が出現すると、買収提案の妥当性や代替案について十分な検討を行うための情報と時間を確保するために、信託を利用して発行された新株予約権を消却するか株主に割り当てるかの選択が交渉材料になるよう、手続きを定めるものが多い（この点は手続的防衛策の側面を有する）。

1　新株予約権が問題となった事件
【ニッポン放送新株予約権発行差止仮処分命令申立事件】
　株式会社フジテレビジョン（以下、「フジテレビ」という）は、平成17年1月17日、株式会社ニッポン放送（以下、「ニッポン放送」という）の経営権を獲得することを目的として、ニッポン放送のすべての発行済株式の取得を目指して、

公開買付を開始することを決定した（以下、「本件公開買付」という）。ニッポン放送はこれを受けて、同日開催の取締役会において、本件公開買付に賛同することを決議し、公表した。

株式会社ライブドア（以下、「ライブドア」という）は、ニッポン放送の発行済株式総数の約5.4%を保有していたが、本件公開買付期間中である同年2月8日に、東京証券取引所のToSTNeT－1を利用した取引によって、株式会社ライブドア・パートナーズ（以下、「ライブドア・パートナーズ」という）を通じて、ニッポン放送の発行済株式総数の約29.6%に相当する株式972万270株を買い付け、その結果、ニッポン放送の発行済株式総数の約35%の割合の普通株式を保有する株主となった。

その後、ライブドア代表者が、ニッポン放送株式の取得の意図について、フジサンケイグループとの業務提携をも見据えたものであることを明らかにする一方、フジテレビ代表者は、ライブドアと業務提携の気持ちはない旨述べ、ニッポン放送をめぐるライブドアとフジテレビの対立が表面化していった。

そのような中で、ニッポン放送は、同年2月23日の取締役会において、新株予約権の発行を決議した。本件新株予約権の発行は、ニッポン放送の企業価値の維持とニッポン放送がマスコミとして担う高い公共性の確保のために行うものであるとニッポン放送は公表した。

本件新株予約権が適法に発行され、行使された場合、ライブドアによるニッポン放送株式の保有割合は約42%から約17%へと減少し、一方で、フジテレビによる保有割合は、新株予約権を行使した場合に取得する株式数だけでも約59%となる状況であった。

そこで、ライブドアは、本件新株予約権の発行価額は適正価格を大きく下回るため、商法第280条ノ21第1項（会238②一、309②六）にいう「特ニ有利ナル条件」による有利発行であるところ、株主総会の特別決議を経ていないことから、本件新株予約権発行は法令違反であり、また、商法第280条ノ39第4項、第280条ノ10（会247②）の「著シク不公正ナル方法」による新株予約権発行であるとして、新株発行差止仮処分の申立てを行った。

これに対し、東京地裁は、同年3月11日、本件新株予約権の発行は著しく不公正な方法によるものであるとしてニッポン放送の本件新株予約権の発行を仮に差し止める仮処分命令を出し、これを不服としてニッポン放送が行った保全異議申立てに対して、東京地裁は同月16日、仮処分決定を認可する決定を行い、さらに不服としてニッポン放送が行った保全抗告に対して、東京高裁は、同月23日に棄却の決定を行った。
　東京地裁、東京高裁の決定要旨は以下のとおりである。
［原審］
① 本件発行価額が公正な価格を大きく下回り、本件新株予約権の発行が「特ニ有利ナル条件」による発行にあたるとまでいうことはできない。
② 商法第280条ノ39第4項、第280条ノ10所定の「著シク不公正ナル方法」による新株予約権発行とは、不当な目的を達成する手段として新株予約権発行が利用される場合をいう。
③ 株式会社においてその支配権につき争いがあり、従来の株主の持株比率に重大な影響を及ぼすような数の新株予約権が発行され、それが第三者に割り当てられる場合に、その新株予約権発行が支配権を争う特定の株主の持株比率を低下させ、また現経営陣の支配権を維持することを主要な目的としてされたものであるときは、会社ひいては株主全体の利益の保護という観点からその新株予約権発行を正当化する特段の事情がない限り、不当な目的を達成する手段として新株予約権発行が利用される場合にあたる。
④ ニッポン放送の経営陣に関してはフジテレビによる公開買付に協力することをすでに決定しており、本件新株予約権の発行について社外取締役4名を含む全員が一致して賛成しているものであることを鑑れば、自らの保身のために本件新株予約権の発行を決定したものとは認められず、本件新株予約権の発行は現在の取締役の地位保全を主たる目的とするものということはできない。
⑤ しかし、本件新株予約権の発行は、フジサンケイグループに属する経営陣による支配権の維持を目的とするものであることは認められ、なお現経

営陣の支配権を維持することを主たる目的とするものというべきである。

⑥　他方で、ライブドアの支配権獲得によりニッポン放送の企業価値が著しく毀損されることが明らかであるということはできず、企業価値の毀損防止のための手段として、従前の発行済株式総数の約1.44倍にも上る本件新株予約権の発行を正当化する特段の事情があるということはできない。

[保全異議]

①　現に支配権争いが生じている場面において、支配権の維持・確保を主要な目的とする新株予約権発行が行われた場合には、原則として、不公正発行として差止請求の対象となる。

②　例外的に、株主全体の利益の保護の観点から当該新株予約権発行を正当化する特段の事情があること、具体的には、買収者が真摯に合理的な経営を目指すものではないこと、あるいは、買収者による支配権取得が会社に回復しがたい損害をもたらすことが明らかであることを会社が立証した場合には、会社の支配権の帰属に影響を及ぼすような新株予約権の発行の例外的な措置として許容される。

③　本件におけるニッポン放送による新株予約権の発行は、その内容および発行の経緯に照らしても、ライブドアによるニッポン放送の支配を排除し、現在ニッポン放送と友好的な関係にあるフジテレビによるニッポン放送に対する支配権を確保するために行われたことが明らかである。

[保全抗告]

①　会社の経営支配権に現に争いが生じている場面において、株式の敵対的買収によって経営支配権を争う特定の株主の持株比率を低下させ、現経営者またはこれを支持し事実上の影響力を及ぼしている特定の株主の経営支配権を維持・確保することを主要な目的として新株予約権の発行がされた場合には、原則として、商法第280条ノ39第4項が準用する第280条ノ10にいう「著シク不公正ナル方法」による新株予約権の発行に該当する。

②　もっとも、経営支配権の維持・確保を主要な目的とする新株予約権発行が許されないのは、取締役は会社の所有者たる株主の信認に基礎を置くも

企業防衛策の類型

のであるからであって、株主全体の利益の保護という観点から新株予約権発行を正当化する特段の事情がある場合には、例外的に、経営支配権の維持・確保を主要な目的とする発行も不公正発行に該当しない。

③　例えば、株式の敵対的買収者が、ⅰ）真に会社経営に参加する意思がないにもかかわらず、ただ株価をつり上げて高値で株式を会社関係者に引き取らせる目的で株式の買取を行っている場合（いわゆるグリーンメーラーである場合）、ⅱ）会社経営を一時的に支配して当該会社の事業経営上必要な知的財産権、ノウハウ、企業秘密情報、主要取引先や顧客等を当該買収者やそのグループ会社等に委譲させるなど、いわゆる焦土化経営を行う目的で株式の買取を行っている場合、ⅲ）会社経営を支配した後に、当該会社の資産を当該買収者やそのグループ会社等の債務の担保や弁済原資として流用する予定で株式の買取を行っている場合、ⅳ）会社経営を一時的に支配して当該会社の事業に当面関係していない不動産、有価証券など高額資産等を売却等処分させ、その処分利益をもって一時的な高配当をさせるかあるいは一時的高配当による株価の急上昇の機会を狙って株式の高価売り抜けをする目的で株式買取を行っている場合など、当該会社を食い物にしようとしている場合には、取締役会は、対抗手段として必要性や相当性が認められる限り、経営支配権の維持・確保を主要な目的とする新株予約権の発行を行うことが正当なものとして許される。

④　本件において、ライブドアがニッポン放送の支配株主となった場合に、ニッポン放送に回復しがたい損害が生じることを認めるに足りる資料はなく、また、ライブドアが真摯に合理的経営を目指すものでないとまでいうことはできない。

⑤　ニッポン放送による本件新株予約権の発行は、その内容及び発行の経緯に照らしても、ライブドア等によるニッポン放送の経営支配を排除し、現在ニッポン放送の経営に事実上の影響力を及ぼす関係にある特定の株主であるフジテレビによるニッポン放送に対する経営支配権を確保するために行われたことが明らかである。

⑥　そして、本件に現れた事実関係の下では、ライブドアによる株式の敵対的買収に対抗する手段として採用した本件新株予約権の大量発行の措置は、ニッポン放送の取締役会に与えられている権限を濫用したもので、著しく不公正な新株予約権の発行である。

【ニレコ新株予約権発行差止仮処分命令申立事件】

　株式会社ニレコ（以下、「ニレコ」という）は平成17年3月14日開催の取締役会において、企業防衛策として新株予約権の無償発行を行うことを内容とする「セキュリティ・プラン」（以下、「本件プラン」という）の導入を決議し、「企業価値向上に向けた取組みについて」（平成18年3月期の「重点施策及び株主割当による新株予約権の無償発行に関するお知らせ」）と題する文書によって、本件プランの内容を公表した。

　本件プランの概要は、①平成17年3月31日最終の株主名簿または実質株主名簿に記載または記録された株主に対し、その所有株式1株につき2個の割合で新株予約権を割り当てる、②新株予約権者は、平成17年4月1日から平成20年6月16日までの間に手続開始要件が満たされた場合でなければ新株予約権を行使することができない、③手続開始要件とは、ある者が特定株式保有者（ニレコの株券等の保有者等やその関係者が保有する議決権付株式の合計数が、ニレコの発行済株式総数の20％以上に相当する数となる者）に該当したことをニレコの取締役会が認識し公表したことをいう、④ニレコは、手続開始要件が成就するまでの間、取締役会が企業価値の最大化のために必要があると認めたとき、新たな制度の導入に際して必要があると認めたときは、取締役会の決議をもって、新株予約権の全部を一斉に無償で消却することができる、⑤新株予約権の譲渡は、ニレコの取締役会の承認を要する、とするものである。

　また、本件新株予約権の消却等の是非について、取締役会は、ニレコの代表取締役社長およびニレコ取締役会が本件新株予約権の消却等につき利害関係のない弁護士、公認会計士または学識経験者から指名した2名の合計3名からなる特別委員会による勧告を最大限尊重するものとしているが、特別委員会の勧告に従うことによってニレコの企業価値が毀損されることが明らかである場合

はこの限りではないとされている。さらに、本件新株予約権を消却しない旨の決議は、「ニレコ取締役会が、本件新株予約権を一斉に無償で消却しない旨の取締役会決議を行うことを正当化する特段の事情がある場合」にも、行うことができるようになっている。

ニレコのこのような新株予約権発行に対し、ニレコの株主であるザ・エスエフピー・バリュー・リアライゼーション・マスター・ファンド・リミテッド（以下、「SFP」という）が新株予約権発行差止仮処分の申立てを行った。

これに対し、東京地裁は、平成17年6月1日、本件新株予約権の発行は著しく不公正な方法によるものであるとしてニレコの本件新株予約権の発行を差し止める仮処分命令を出し、これを不服としてニレコが行った保全異議申立てに対して、東京地裁は同月9日に仮処分決定を認可する決定を行い、さらに不服としてニレコが行った保全抗告に対して、東京高裁は同月15日に棄却の決定を行った。

東京地裁、東京高裁の決定要旨は以下のとおりである。

[原審]
① 事前の対抗策としての新株予約権の発行は、原則として株主総会の意思に基づいて行うべきであるが、株主総会は必ずしも機動的に開催可能な機関とは言い難く、次期株主総会までの間において、会社に回復しがたい損害をもたらす敵対的買収者が出現する可能性を全く否定することはできないことから、事前の対抗策として相当な方法による限り、取締役会の決議により新株予約権の発行を行うことが許容される場合もあると考えられる。

② 取締役会の決議により事前の対抗策としての新株予約権の発行を行うためには、①事前の対抗策としての新株予約権の発行に株主総会の意思が反映される仕組みとなっていること、②条件成就に関する取締役会の恣意的判断が防止される仕組みとなっていること（なお、敵対的買収者に対し事業計画の提案を求め、取締役会が当該買収者と協議するとともに、代替案を提示し、これらについて株主に判断させる目的で、合理的なルールが定められてい

る場合において、敵対的買収者が当該ルールを遵守しないときは、敵対的買収者が真摯に合理的な経営を目指すものではないことを推認することができよう）、③新株予約権の発行が、買収とは無関係の株主に不測の損害を与えるものではないこと、などの点から判断して、事前の対抗策として相当な方法によるものであることが必要である。

③ 本件新株予約権は、新株予約権の発行について株主総会の意思を反映させる仕組みとして欠けるところがないとはいえず、新株予約権の行使条件の成就に関する取締役会の恣意的判断の防止が担保される仕組みとなっているとまではいえず、その発行により買収とは無関係の株主に不測の損害を与えるものではないということはできない。

④ 事前の対抗策としての新株予約権の発行は、その支配権取得が会社に回復しがたい損害をもたらす敵対的買収者が出現した際に、新株予約権の行使を可能として当該敵対的買収者の持株比率を低下させることができれば、その目的を達するのであるから、いまだこのような敵対的買収者が現れていないにもかかわらず、新株予約権の発行によって直ちに敵対的買収者以外の株主に不測の損害を与えることは、取締役会の決議による事前の対抗策として相当性を欠く。

⑤ したがって、取締役会の決議による事前の対抗策としての本件新株予約権の発行は、著しく不公正な発行として差止めが認められるべきである。

［保全異議］

① 本件新株予約権の発行の目的は、株式会社の経営支配権に現に争いが生じていない場面において、将来、敵対的買収によって経営支配権を争う株主が生じることを想定して、かかる事態が生じた際に新株予約権の行使を可能とすることにより当該株主の持株比率を低下させることを主要な目的として発行されるものである。

② また、本件プランに基づく本件新株予約権の発行にともなって、既存株主に不測の損害が現実に発生する。

③ 本件プランのような内容の新株予約権を発行しようとする場合に、原則

として、発行時における株主総会の意思を反映したものであることが必要であるというべきである。

④　したがって、SFPの仮処分申立てを認容した原決定は相当である。

[保全抗告]

①　濫用的な敵対的買収に対する防衛策として、新株予約権を活用すること自体は考えられる。

②　そして、本件プランは、現在の経営者ないしこれを支持し事実上の影響力を及ぼしている特定の株主のニレコに対する経営支配権を維持することを目的として企画・設計された、いわゆるポイズン・ピルといわれる企業防衛策である。

③　ただし、本件新株予約権の発行は、既存株主に受忍させるべきでない損害が生じるおそれがあるから、著しく不公正な方法によるものというべきである。

2 信託型ライツ・プラン

【イー・アクセス】

　イー・アクセス株式会社（以下、「イー・アクセス」という）は、平成17年5月12日開催の取締役会において、同年6月22日開催予定の定時株主総会にて承認を受けることを条件に、本格的な企業価値向上策として、信託型新株予約権である「企業価値向上新株予約権（eAccess Rights Plan）」を導入することを決議した。

[防衛策の導入方法]

　イー・アクセスの新株予約権は、あらかじめ有限責任中間法人ミナト・ライツマネジメントに新株予約権を発行し、ミナト・ライツマネジメントは直ちに三菱信託銀行（現・三菱信託UFJ銀行）を受託者として、本新株予約権の全部を信託譲渡する。信託された新株予約権の受託者は、防衛策発動後の基準日における株主である。

[防衛策の発動、解除及び維持の条件]

① 基準

　買収等の提案があった場合に、新株予約権を消却するか否かを判断するに当たっては、当該提案の具体的内容等を考慮する。

　当該提案の具体的内容等としては、
- ・買収等の目的
- ・買収等の方法：構造的に強圧的な買収等ではないか
　　　　　　　　　代替策を検討する十分な時間的余裕があるか
　　　　　　　　　株主を誤信させる方法ではないか　等
- ・買収等の対象（全株式かどうか）
- ・対価の種類
- ・対価の金額
- ・同社のステークホルダーの取扱い等

を考慮する。

② 手続き

　社外取締役全員で構成される企業価値向上検討委員会が、新株予約権を消却するべきか否かを上記の基準で判断する。企業価値向上検討委員会の決議は、社外取締役の3分の1以上かつ3名以上の委員が出席する会議において、出席する委員の過半数の賛成により行う。企業価値向上検討委員会が新株予約権の発行日以降行使要件が成就するまでの間に、新株予約権を消却すべきとの決議を行った場合には、取締役会の決議をもって、新株予約権の全部を一斉に無償で消却しなければならない。

【西濃運輸】

　西濃運輸株式会社（以下、「西濃運輸」という）は、平成17年5月17日の取締役会において、同年6月24日開催予定の同社定時株主総会での株主の承認を条件に、敵対的買収（同社の取締役会の事前の賛同を得ない、特定の株主による同社株式の保有割合が20％を超える結果となる同社株式の取得や買収提案等）への対応方針として、新株予約権と信託の仕組みを利用したライツ・プランを導入することとした。

［防衛策の導入方法］
　　住友信託銀行株式会社（以下、「信託銀行」という）を受託者として、信託銀行に新株予約権を無償で発行する。信託銀行は、信託契約に定められた信託事務の履行として新株予約権を引き受け、当該新株予約権を信託財産として受益者のために管理する。受益者は、将来、買収者が出現した場合に一定の手続きに従って確定される新株予約権の交付を受けるべき者である。

［新株予約権の行使条件、権利発動条件、消却条件］
　　当該新株予約権は、買収者として公表があった日から10日経過したときの買収者以外の者が行使できる。ただし、企業価値を損なわないと認められる一定の場合等には行使できない。
　　権利発動事由発生時点の延期に関する決定、買収提案者との関係で権利を発動させない旨の決定、新株予約権の権利発動事由の従属の是非、新株予約権の消却等について、社外取締役または有識者から構成される独立委員会が判断して取締役会に勧告し、取締役会はこの独立委員会の勧告を最大限尊重して、最終的に決定する。
　　取締役会は、設定した基準に従って新株予約権が行使できない場合には、新株予約権が行使可能になる時点を延期しない限り、原則として新株予約権を無償にて消却しなければならない。
　　新株予約権の行使期間は原則として3年間であり、3年経過後において、信託型ライツ・プランを継続する場合には、再度株主総会の決議を経ることとする。

(3) 取得請求権付株式、取得条項付株式の利用

　会社法は、発行する全部の株式の内容として、譲渡制限株式、取得請求権付株式、取得条項付株式を認めている（会107）。種類株式は内容の異なる二つ以上の種類の株式を発行した場合の、1種類だけにある性質を付与した株式であるのに対し、会社法第107条で定める株式の内容は、発行する全部の株式の内容である点が異なる。譲渡制限株式は、旧商法においても認められていたが、

会社法においては、新たに取得請求権付株式と取得条項付株式を認めた。
　取得請求権付株式とは、株主が会社に対してその取得を請求できる株式である（会107①二）。取得請求権付株式は、当該株式の取得と引換えに他の株式や社債、新株予約権、新株予約権付社債、その他の財産（以下、この項において「他の株式等」という）を交付することを内容とすることができる（会107②二）。そこで、一定の事由が生じたときに株主に取得請求権が生じるようにし、会社の取得と引き替えに株式や新株予約権などを交付することができるようにすれば、買収者が現れたときに株主のイニシアチブによって防衛効果が生じる企業防衛策となり得る。
　取得条項付株式とは、一定の事由が生じたことを条件として、会社が取得することができる株式である（会107①三）。取得条項付株式も、当該株式と引換えに他の株式等を交付することを内容とすることができる（会107②三）。取得請求権付株式と取得条項付株式の違いは、会社による株式の取得が株主の選択に委ねられるかどうかである。取得条項付株式も、一定の事由が生じたときに会社が株式を取得するという仕組みを利用して、企業防衛策として利用することが考えられる。特に、取得条項付株式は株主にイニシアチブがあるわけではないので、例えば、発行する株式の全部を取得条項付株式とする株式会社において、取得条項を「第三者の買収提案に対し、取締役会が反対の意見を表明することを決議したにもかかわらず、当該第三者が発行済株式総数の20％以上の株式を単独または共同で取得した場合は、会社が当該第三者の株式を取得し、引換えに議決権制限株式を交付することができる。」といった内容にすることで、端的に買収者のみの議決権を強制的に取り上げるという方法も考えられるところである。この場合、議決権制限株式は種類株式であるから、あらかじめ定款において定めておく必要がある（会108②三）。
　取得請求権付株式、取得条項付株式を、株式の内容として定める場合には、その内容等を定款で定めなければならない（会107②）。そこで、既存の株式の内容を変更するに当たっては、定款変更についての株主総会の決議（特別決議）が必要であるが（会309②）、既存の株式を取得条項付株式とする場合には株主

全員の同意が要求されている（会110）。

(4) 種類株式の利用

　会社法は、議決権制限株式、譲渡制限付種類株式、取得請求権付種類株式、取得条項付種類株式、全部取得条項付種類株式、拒否権付株式などを種類株式として規定している（会108）。種類株式の内容は、原則として、定款で定めなければならない（会108②、③）。

　議決権制限株式とは、株主総会の全部または一部の事項について議決権を行使することができない株式である（会108①三）。議決権制限株式は、その内容として株主総会において議決権を行使することができる事項や、議決権行使の条件を定めることになる。取得条項などと組み合わせることにより、買収者のみ議決権の行使ができないようにすることも設計上は可能である。なお、議決権制限株式は、発行済株式総数の2分の1以下にしなければならない（会115）。

　譲渡制限付種類株式とは、株式の譲渡につき株式会社（原則として取締役会設置会社においては取締役会、取締役会非設置会社においては株主総会）の承認を要する種類株式である（会108①四）。旧商法においては、一部の株式に譲渡制限を付けることは認めていなかったが、会社法においては、種類株式の一つとして譲渡制限株式を認めたため、一部の株式にのみ譲渡制限を付することも可能となった。なお、譲渡承認の決定機関は、定款に定めることにより、株主総会や取締役会、代表取締役などに変更することができる（会139①）。譲渡制限付種類株式は、公開会社にとってはそれ自体が有効な防衛策となるわけではないが、例えば拒否権付株式などに付けることにより、効果的な防衛策として有用となる。

　取得請求権付種類株式とは、株主が当該株式会社に対して取得請求ができる種類株式である（会108①五）。取得請求権付種類株式についても、当該株式の取得と引換えに他の株式等を交付することを内容とすることができることは前述した発行株式全部の内容として定める取得請求権付株式と同様である（会108②五、107②二）。従来、転換予約権付株式と呼ばれていた株式は、取得請求権

付種類株式に整理される。取得請求権付種類株式を通常時には非参加的配当優先株式としておき、普通株式に転換できるオプションを付けて会社の資金調達の多様化に資する株式としながら、買収者が現れた場合には取得請求権を与え、対価として普通株式を2株付与するなどといった設計により、議決権比率を変動させる株式とすることも可能であると思われる。

　取得条項付種類株式とは、一定の事由が生じたことを条件として、株式会社が取得することができる種類株式である（会108①六）。取得条項付種類株式も、当該株式と引換えに他の株式等を交付することを内容とすることができる（会108②六、107②三）。従来、強制償還株式、強制転換条項付株式と呼ばれていた株式は、取得条項付種類株式に整理される。取得条項付種類株式は、取得と引換えに交付する株式等を工夫することにより、企業防衛策としての効果を付与することが可能である。

　全部取得条項付種類株式とは、二以上の種類の株式を発行する株式会社がそのうちの一つの種類の株式の全部を株主総会の特別決議によって取得することができる旨の定款の定めがある株式である（会108①七）。全部取得条項付種類株式は普通株式を取得条項付株式に変更するための手段として用いることにより、防衛策導入に利用できる。

　拒否権付株式とは、株主総会において決議すべき事項のうち一定の事項については、株式総会の決議のほか、当該種類の株式の種類株主を構成員とする種類株主総会の決議があることを必要とする株式である（会108①八）。拒否権付株式を友好的第三者に割り当てることにより、過半数の議決権を取得しても、重要事項については、買収者の思いどおりに決定することができなくなる。拒否権付株式は、議決権比率を変動するのではなく、株主総会の決議自体を厳しくする効果を有するので、後述する。

(5) 複数議決権株式

　会社法上、複数議決権株式は明文では認められていない。しかし、種類株式の一種として異なる単元株式数を定めることにより、複数議決権株式を設計す

ることが可能である（会188）。すなわち、普通株式の1単元の株式数が1,000株である場合に、種類株式として1単元の株式数を100株とすれば、実質的には種類株主は普通株式の株主の10倍の議決権を有することになる。

(6) 組織再編行為（合併・分割・株式交換・株式移転）の利用

　議決権比率を意図的に変更するため、買収者以外の株主（議決権）を相対的に増やす手段としては、第三者割当増資が典型的な方法であるが、合併や会社分割等の組織再編（新設合併、新設分割、株式移転のほか、吸収合併存続会社、吸収分割承継会社、株式交換完全親会社となる場合）においても、買収者以外の株主は相対的に増加するため、議決権比率の変更が可能である。しかし、組織再編行為には、株主総会の特別決議が必要となるため（会795①、804①、309②十二）、時間的な制約があるとともに、買収提案から株主総会開催の基準日までに買収者が3分の1を越える株式を取得した場合には、組織再編行為自体できないという制約がある。また、合併等の相手方の確保が必要となる点も制約となる。

　ただし、簡易組織再編行為は、取締役会決議によって行うことが可能である。すなわち、組織再編行為による対価相当額（吸収合併・株式交換・吸収分割の場合の吸収合併消滅会社・株式交換完全子会社株主・吸収分割会社に対して交付する存続株式会社等の株式等の対価）が、存続会社等の純資産額の20％以下にとどまる場合、株主総会決議は不要であり、取締役会の決議で組織再編行為を行うことが可能である（会796③）。したがって、簡易組織再編行為を活用することにより、迅速かつ機動的に議決権比率を変更することが可能となる。ただ、相手方の確保が必要である点は通常の組織再編行為と同様である。

(7) 逆買収（パックマン・ディフェンス）

　逆買収とは、買収者が公開会社である場合に、買収者に対し、逆に買収をしかける場合である。逆買収をすることによって買収対象会社が買収者の総株主の議決権の4分の1以上を有するに至った場合、買収者には、買収対象会社の

議決権がなくなるため（会308）、買収者は買収対象会社の支配権を奪うことができなくなる。そこで、企業防衛策として、逆買収も有効な手段となる。

(8) 授権資本枠の拡大

　議決権比率を変動させるために株式発行や新株予約権の発行をする場合、定款に定める発行可能株式総数（授権資本枠）という制限がある。そして、株式会社は、発行済株式総数の４倍までしか発行可能株式総数を定められない（会113③）。そこで、授権資本枠の拡大は、機動的な防衛策発動にとって重要になってくる。この点、安易な授権資本枠の拡大に反対すべきとする見解もあるが、授権資本枠の拡大自体は、株主の利益を侵害するものではない。むしろ、授権資本枠に余裕がない場合、濫用的買収者を排除することができなくなるという弊害も考えられる。株主の利益は、株式の発行や新株予約権の発行を行うときに、差止請求や発行無効訴訟により一定程度保護されるのであるから、授権資本枠の拡大自体は許されてよいように思われる（具体的な定款記載事項の記載例は、第３部第２章第１節）。

３：コストの増大等による獲得利益の減少

　買収者は、株式を買い増し、買い占めすることによって企業を支配することにより何らかの利益を得ようとするものであるから、買収のためのコストよりも、買収することにより得られる利益が多ければ多いほど、買収をするインセンティブが強くなるはずである。逆に、買収しても利益が全く得られないのであれば、買収は行わないと考えられる。そこで、買収防衛策としては、買収によって会社から金銭や財産を流出させたり、買収するのに想定以上にコストがかかるようにしたりすることによって、買収を躊躇させる方法が考えられる。具体的には、取締役に対する退職慰労金の支払い（ゴールデン・パラシュート）、従業員に対する退職金の支払い（ティンパラシュート）、資産等の処分（クラウンジュエル）、取引先等との契約条項による拘束、株式分割・株式の無償割当てが挙げられる。

1　取締役に対する退職慰労金の支払い

　買収者は、買収が成功した後は、速やかに取締役を解任するか、任期満了にともない取締役を全員入れ替えることにより、買収対象会社の経営権を掌握し、買収対象会社を完全に支配しようとする。そこで、買収対象会社の取締役には、退職慰労金が支払われることになるが、その際の退職慰労金を多額に設定することによって、買収対象会社の財務状況を悪化させ、買収により得られる利益を減少させることができる。買収による獲得利益が減少するならば、買収者は獲得利益の減少を見込んで買収を行うことになり、買収を躊躇する可能性があることから、ゴールデンパラシュートは企業防衛策となり得る。なお、多額の退職慰労金が支払われることにより、取締役が自己保身目的で防衛策を発動することを防止することも効果として期待できると思われる。

　取締役に対する退職慰労金は、定款に金額または具体的な算定方法などを定めていない場合、株主総会の決議によることになる（会361①）。有事の場合、株主総会の決議によるのでは、買収者に議決権の過半数を確保された時点で、多額の退職慰労金を支払うことが不可能になる。したがって、防衛策としては、定款で有事の際の取締役に対する退職慰労金の額または具体的な算定方法を定めておく必要がある（具体的な定款記載事項の記載例は、第3部第3章第6節）。

　有事における取締役に対する退職慰労金の金額や具体的な算定方法を定款で定めるに当たっては、「有事」の際の取締役に適用されるよう、明確かつ具体的な規定にしなければならない。また、その結果算定された金額が、受け入れられる合理的な金額となるよう注意をしなければ、退職慰労金の支払いを拒んだ会社に対する退職慰労金の支払請求が、権利濫用との判断がなされる可能性もあり得る。なお、定款に定めている以上、取締役の責任追及はあまり考えられない。

2　従業員に対する退職金の支払い

　従業員に対する退職金の支払いも、取締役の退職慰労金と同様に、買収対象会社の財務状況を悪化させ、買収により得られる利益を減少させることになる。

取締役と違うのは、従業員の場合、必ずしも解雇がなされないことである。解雇については、その解雇が「客観的に合理的な理由を欠き、社会通念上相当であると認められない場合は、その権利を濫用したものとして、無効とする」とされており（労働基準法18の2）、不当解雇が禁止されている。また、従業員に対する退職金が支払われるのは、従業員が自主的に退職する場合が通常である。他方、有事において退職金が多額になることで、従業員は退職しやすくなる。そこで、買収者は、買収提案に当たって従業員の意向を無視することはできず、また、買収後に従業員や労働組合と交渉などを行う必要が出てくるうえ、従業員の賛同が得られなければ、多額の退職金支払いとともに企業の資産である人材を流出させることになる。なお、買収後、整理解雇、会社の清算などにより、従業員が退職せざるを得なくなったときにも、従業員に対する退職金の支払いは買収による獲得利益を減少させる効果が期待できる。

　有事において従業員に多額の退職金を支払うようにする方法としては、従業員との間で個別に契約する方法または取締役会決議による退職金給付規程の整備および労使協定による方法が考えられる。

③　資産等の処分

　買収者は、買収対象会社の事業や知的財産権、免許などの資産を目当てとしていることも多い。したがって、買収対象会社の資産が流出することは、買収者の獲得利益の減少につながり、買収者の買収意欲を削ぐことにつながる。したがって、資産等の処分は、企業を防衛する効果を期待できるが、他方で、企業価値を支える資産等が流出することにより、企業防衛には成功しても、その後、取締役の責任などを追及される可能性がある。また、重要な事業であればあるほど、その後の経営に大きく影響してくる。そこで、資産等の処分を防衛策として考えるに当たっては、処分の相手方の選定などを工夫することにより、買収が成功すれば元には戻らないが、買収が失敗した後は速やかに元の状態に戻せるようにしておく必要がある。

　資産等の処分は、重要な財産の処分であれば取締役会決議で可能だが（会362

④)、事業の譲渡に該当する場合には、株主総会の特別決議が必要になる（会467①、309②）。なお、簡易会社分割を利用する方法により、取締役会決議で一定の資産等の処分を行うことは可能である（会784③）。また、次に述べるような取引先等との契約により資産等の処分を行うことも考えられる。

4 取引先等との契約条項による拘束

　企業は、取引先等との関係が良好に保たれることによって企業価値を維持できると考えられる。したがって、買収することによって取引先等との関係が断たれれば、企業価値を著しく毀損することになる。具体的には、ライセンス契約や独占販売契約などの解除事由や金銭消費貸借契約上の期限の利益喪失事由に、敵対的買収が行われた場合を含めたり、解除の場合の違約金の定めを多額に設定したりすることが考えられる。チェンジ・オブ・コントロール条項と呼ばれる条項（会社の主要株主の異動、経営陣の交代により、直ちに契約が終了または解除できる旨の条項）も契約条項による拘束の一つと考えられる。このような契約条項による拘束によって、買収後、再契約のコストや支出などが多くなり、買収を躊躇する効果が期待できる。また、経営者が子会社、関連会社、または友好的な会社との間で、拘束力の強い賃貸借契約などを締結することにより、長期に渡って買収対象会社の資産を自由に利用できなくすることも、買収者の買収意欲を削ぐことにつながる。ただし、取締役の善管注意義務違反とならないよう、注意する必要がある。このような契約条項による拘束は、買収者が買収後、買収対象会社の資産をそれまでの方針とは全く違う方針に従って利用することを考えている場合などには有効であると考えられる。

5 株式分割・株式の無償割当て

　株式分割とは、既存の株式を細分化して従来の株式より多数の株式とすることをいう。株式の無償割当てとは、株主に対して無償で新株を割り当てることをいう。どちらも、株式数が増加する点では共通する。異なる点としては、①株式分割は既存の株式が増加するのに対し、株式の無償割当ては異なる種類の

株式を割り当てることもできる点、②株式分割は既存の株式が細分化されるため全体として増加し、自己株式も分割の対象となるが、株式の無償割当ては、あくまで株式の割当てであるため、自己株式の処分の方法によることもできる一方、自己株式に割り当てることはできない点（会186②）、③株式分割に際しては、取締役会決議で発行可能株式総数を分割割合に応じて増加させる定款変更を行うことができるが（会184②）、株式の無償割当てに際しては、発行可能株式総数を変更できない点などが挙げられる。株式分割も株式の無償割当ても、取締役会の決議で行うことができる（株式分割につき会183②、株式の無償割当てにつき会186③）。

　株式分割は、既存の株式が増加するだけであって、株主の持株比率になんら影響はない。また、理論的には、株式分割により、例えば1株が2株となるだけであり、株主が有する株式の合計の価値が変わるわけでもない。しかし、株式分割を行うことにより1株の価値は下がることから、公開買付による方法で買収が開始された後に1株を2株にする株式分割を行うと、公開買付開始時に1株分として設定した買付価格が、理論的には0.5株分の株式の価格となり、買収に必要なコストが膨大になる。そのうえ、買付価格の引き上げはできるが、引き下げはできないため（証取27の6③）、公開買付手続の開始前における0.5株分を1株の価格として買付を行うことになる。例えば、発行済株式総数100万株の会社に対し、買収対象会社の株式を10万株保有している株主が、買付予定株式数を40万株と設定したとして（50％の株式保有目標）、公開買付手続開始前の市場での株価が1株600円のところ40％のプレミアムを付けて840円の買付価格を設定すると、分割前であれば、買収コストは、840円×40万株＝3億3,600万円となるが、1株を2株に分割する株式分割後は、理論的には1株300円となるため、280％のプレミアムを付けることになったうえ、発行済株式総数200万株に対し、20万株＋40万株＝60万株の取得となり、買付予定株式数を取得しても（当初予定した買収コストをかけても）、議決権割合30％の取得にとどまることになる。公開買付期間中に株式分割が行われた場合、分割割合に応じた買付価格の変更は認めるべきであるが、金融庁や裁判所の正式な判断は示されて

いない。他方で、公開買付は原則撤回を禁止されているが、金融庁が公開買付期間中に株式分割が行われたことをもって「重要な事情の変更」（証27の11①、同施行令14①一）に該当し、公開買付の撤回を認める見解を示したため、公開買付期間中に株式分割がなされた場合には、買収者は公開買付を撤回することにより、損害を回避することはできるようになった。

また、公開買付期間中の一時点に株式分割の基準日を設けたうえ、分割の効力発生日を公開買付最終日以降に設定した場合、公開買付最終日には未発行の分割新株が存在することになる。この点、金融庁は、公開買付期間中に株式分割が行われた場合、公開買付最終日に未発行の分割新株も買付の対象とできると解釈し、また証券保管振替機構が平成18年1月4日以降を割当日とする株式分割については、株式分割の効力発生日を基準日の翌日としたため、公開買付期間中に株式分割が行われても、買収者が、買付を行うこと自体には支障は生じないことになった。

公開買付期間中の株式分割を理由に公開買付を撤回できるようになり、また、他方で公開買付期間中に分割新株も買付の対象とできることになったことから、分割を見越した買付価格の設定とその後の買付価格の引き上げによって、株式分割に対応することはできるようにはなった。しかし、分割割合を予測することは不可能であり、結局、分割割合に応じた買付価格の引き下げができない限り、公開買付期間中に買収対象会社が株式分割を行うことによって、買収者の買収コストは飛躍的に増大することになる。そこで、株式分割を行った取締役に対する損害賠償請求の可否が不透明な現状では公開買付の撤回を余儀なくされる場合が多いと思われる。したがって、株式分割は、企業防衛策として大きな効果を発揮することになる。なお、裁判所は、公開買付期間中の株式分割について、「株式分割が公開買付に著しい支障をきたす場合には対抗手段としての相当性を欠くとする余地もある」として、防衛策としての株式分割利用が否定される余地を残している。

既存の株式と同一の株式の無償割当を行う場合にも同様の議論が当てはまると思われる。なお、株式の無償割当については、株式の発行の場合のように、

株主に差止請求権は認められていない。

【日本技術開発株式分割差止仮処分命令申立事件】

　前述のとおり、夢真対日本技術開発事件において、日本技術開発は、事前警告型の防衛策を公表した後、夢真の公開買付開始前に対抗策として株式分割を行い、夢真が株式分割差止仮処分命令の申立てを東京地方裁判所に対して行ったが、東京地方裁判所は、以下の理由で、夢真の申立てを却下した。

① 　本件株式分割の目的は、夢真が本件公開買付をする前に株式分割の取締役会決議をすることにより、日本技術開発の定時株主総会が開催されるまで夢真が公開買付を行うことを阻止することにある。

② 　本件株式分割は、本件公開買付が成功した場合にその効果の発生を平成17年10月3日以降まで引き延ばす効果を有するものの、法的には本件公開買付の目的の達成を妨げるものではない。

③ 　経営支配権を争う敵対的買収者が現れた場合において、取締役会において、当該敵対的買収者に対し事業計画の提案と検討期間の設定を求め、当該買収者と協議してその事業計画の検討を行い、取締役会としての意見を表明するとともに、株主に対し代替案を提示することは、提出を求める資料の内容と検討期間が合理的なものである限り、取締役会にとってその権限を濫用するものとはいえない。

④ 　取締役会の合理的な要求に応じない買収者に対しては、証券取引法の趣旨や商法の定める機関権限の分配の法意に反しない限りにおいて、必要な情報提供と相当な検討期間を得られないことを理由に、株主全体の利益保護の観点から相当な手段を採ることが許容される場合も存する。

⑤ 　取締役会が採った対抗手段の相当性については、取締役会が当該対抗手段を採った意図、当該対抗手段をとるに至った経緯、当該対抗手段が既存株主に与える不利益の有無および程度、当該対抗手段が当該買収に及ぼす阻害効果等を総合的に考慮して判断するべきである。

⑥ 　本件株式分割は、取締役の保身をはかったものと認めることができない。

⑦ 　本件株式分割は、既存株主の議決権割合に影響を生じさせるものではな

い上、株主の権利の実質的変動をもたらすものではなく、公開買付への応募そのものが妨げられるものではない。
⑧ 本件株式分割により、株主には、現経営陣と敵対的買収者のいずれに経営を委ねるべきかの判断を行う機会が設けられ、日本技術開発および夢真の双方の事業計画に関する情報提供を受けることで、株主がその判断を適切に行うことが可能となる。
⑨ 本件株式分割は、公開買付の効力発生を引き延ばすにとどまり、公開買付を法的に妨げる効果を有するとは認められない。
⑩ したがって、本件株式分割を行った本件取締役会決議は、その経緯において批判の余地がないではないものの、直ちに相当性を欠き、取締役会がその権限を濫用したものとまでいうことはできない。

4：株主総会決議の厳格化

買収者は、最終的には買収対象会社の経営権を獲得して、企業の財産を自由に処分したり、買収者である企業に買収対象会社の主要な事業を移転したり、合併等のシナジー効果による企業価値の向上をはかって、利益を得ることを目的としている。したがって、買収者は、経営権を獲得するため、既存の取締役を解任して新たに取締役を選任することになる。また、経営権を獲得した後、株主総会を速やかに開催して、組織再編や事業の譲渡を行うことも場合によっては必要になってくる。そこで、企業防衛策としては、取締役の解任や組織再編、事業の譲渡、定款変更等の株主総会決議を法律の定める要件より加重して買収者が取得しなければならない株式を増加させたり、総会決議を拒否する権利を友好的株主に留保して株主総会の決議自体を困難にさせたりすることで、買収者の買収を躊躇させるとともに、買収後も経営権の取得、組織再編等を難しくする方法が考えられる。具体的には、株主総会の決議要件の加重、拒否権付株式（黄金株）の利用が挙げられる。ただし、株主総会の決議要件を議決権の3分の2以上からさらに加重することは、平時における決議も困難になるなどの弊害があるため、有効な防衛策とはいえない場合が多いであろう。

1 株主総会の決議要件の加重（会309）

(1) 取締役の解任決議要件の加重

　取締役を解任する株主総会の決議については、商法上は特別決議が必要であったが（旧商257②）、会社法においては普通決議で足りることになる（会339①、309①）。とすると、買収者が買収対象会社の議決権の過半数を獲得すれば、取締役の解任を自由にできるようになり、取締役の任期が満了する前であっても、経営権を掌握することが比較的容易になる。そこで、取締役を解任する株主総会の決議を定款で厳格にすることにより、経営権の獲得を遅らせることが考えられる（具体的な定款記載事項の記載例は、第3部第3章第3節）。

(2) 組織再編行為・事業譲渡の決議要件の加重

　濫用的買収者は、企業を買収した後、組織再編行為や事業の譲渡によって、買収者の利益になるような組織解体を行う可能性も考えられる。その場合、買収者が3分の2以上の議決権を把握することによって、既存の少数株主が不測の損害を被るおそれもある。また、簡易組織再編行為により、容易に組織解体が可能である。そこで、そのような組織再編行為や事業の譲渡が安易に行われないように、その決議要件を定款で加重しておくことが考えられる（会467、309②）（具体的な定款記載事項の記載例は、第3部第4章第1節、第2節）。ただし、決議要件を加重することは、買収されない場合であっても、常に加重した決議要件に従うことになる点で不都合が生じる可能性がある。したがって、平時は法定の決議要件と定めておきながら、敵対的買収がなされた場合や合併対価が公正でない場合などの一定の要件を満たす場合に、一定期間組織再編行為や事業の譲渡を行うことができない、または組織再編行為、事業の譲渡などにおける決議要件を加重するという設計を定款で行っておくことなどによって、平時における弊害を回避しながら、有事において濫用的買収者の利益のために少数株主の利益を侵害することができない仕組みを作っておくことが可能である。

(3) 定款変更の決議要件の加重

　定款自治の下、定款でさまざまな企業防衛策を設計しても、3分の2以上の議決権を把握することによって、その防衛策を変更・廃止することができる。そこで、定款変更の決議要件を加重することによって、一定の防衛効果は期待できる（具体的な定款記載事項の記載例は、第3部第4章第1節）。ただし、弊害が多いことはすでに述べたとおりである。

2　拒否権付株式（黄金株）の利用

　拒否権付株式とは、前述のとおり、株主総会において決議すべき事項のうち、当該決議のほか、当該種類の株式の種類株主を構成員とする種類株主総会の決議があることを必要とする株式である。そして、種類株主総会の決議を必要とする事項を、定款変更や組織再編、事業の譲渡、株式発行、財産処分や役員の選解任などの重要事項にし、譲渡制限株式として、友好的第三者に割り当てておくことで、強力な企業防衛策となる。また、組織を再編して、持株会社と事業会社に分けた上で、重要な事業を行う子会社が、譲渡制限付拒否権付株式を友好的第三者に対して割り当てると、親会社である持株会社の支配権を取得しても、重要な事業の支配権を取得することが困難になる（具体的な定款記載事項の記載例は、第3部第2章第2節4:）。

【UFJ銀行】

　株式会社UFJホールディングス（以下、「UFJホールディングス」という）は、平成16年5月19日、傘下のUFJ信託銀行の大半の業務を株式会社住友信託銀行（以下、「住友信託銀行」という）に売却する方向で検討に入り、同年5月21日に基本合意書を締結し、同年7月8日には住友信託銀行との統合を前倒しする方向で調整に入ったにもかかわらず、同年7月13日に、突然、株式会社三菱東京フィナンシャルグループ（以下、「三菱東京フィナンシャルグループ」という）との経営統合に向けての交渉に入る方針を固めた。その後、住友信託銀行がUFJホールディングスと東京三菱フィナンシャルグループとの統合交渉を禁止する仮処分申立てを行うなど、対立が深まる中、同年9月10日、UFJホー

ルディングスはUFJ銀行に優先株（戊種優先株）を発行させ、三菱東京フィナンシャルグループに割り当てた。この優先株が、拒否権を有する種類株式である。

　この戊種優先株は、通常は議決権はないが、①UFJ銀行の定款変更、②合併・株式交換・株式移転・会社分割または営業譲渡もしくは譲受け、③純資産の5％以上の財産の処分または譲受、④株式・新株予約権・新株予約権付社債の発行、⑤資本減少または法定準備金の減少、⑥株式分割または併合、⑦取締役の選解任、⑧利益処分または損失処理については、法令または定款により要求される株主総会または取締役会による決議のほか、戊種優先株式種類株主総会の決議をも要するとする株式である。また、戊種優先株は、①から⑧までの拒否権に普通株式と同等の議決権を加えた権利を有する己種優先株に転換可能としたうえ、UFJ銀行と三菱東京フィナンシャルグループとは、①UFJ銀行に合意のない他の株主が出現した場合、②UFJホールディングスが三菱東京フィナンシャルグループ以外と合併等をする旨の取締役会決議または株主総会決議がなされた場合、③UFJホールディングスの新株発行等が決議された場合、④UFJホールディングスの株式の3分の1超が第三者によって取得された場合または公開買付により第三者がUFJホールディングスの株式の20％以上を取得する見込みとなった場合、⑤UFJホールディングスと三菱東京フィナンシャルグループの合併決議等が種類株主総会で否決された場合で普通株主総会では可決された場合、に三菱東京フィナンシャルグループが己種優先株への転換権を行使できるとする株主間協定書を締結した。

　これにより、UFJホールディングスに対して買収が行われても、UFJ銀行が合併等を行うには、三菱東京フィナンシャルグループの賛成がなければならないという意味で、防衛策としての効果を発揮できることになるうえ、戊種優先株の拒否権発動が否定された場合には、UFJ銀行の発行済普通株式45億2,878万2,732株の上に己種優先株として35億株の議決権を三菱東京フィナンシャルグループが取得することになり、三菱東京フィナンシャルグループがUFJ銀行の約43％の議決権を保有することになる。

【国際石油開発】

　国策会社として昭和41年に設立され、平成16年11月17日に東京証券取引所第一部に上場した国際石油開発株式会社(以下、「国際石油開発」という)は、甲種類株式を発行し、石油公団に割り当てた。甲種類株式は、①取締役の選解任、②重要な資産の全部または一部の処分、③定款変更、④合併・株式交換・株式移転、⑤資本の減少、⑥解散について、株主総会決議に加え甲種類株主総会の決議を必要とする拒否権付株式である。

⑤：経営権獲得の遅延化

　買収者は、株式の買い増し、買い占めを行った後は、速やかに経営権を獲得して、買収者の計画を実行することを目的としている。それには、取締役会の過半数を掌握しなければならず、取締役の選任をしなければならない。そこで、取締役の過半数を取得する時期が遅延できればできるほど、買収された企業の取締役は何らかの対抗手段をとることが可能となってくる。また、それだけ買収者は当初の目的を達成する時期が遅れることになる。そこで、容易に取締役会の過半数を掌握されないための方法として、取締役の定員制限、期差選任制が挙げられる。

　ただし、会社法上、取締役の解任が株主総会の議決権の過半数で行えるため、取締役の定員枠削減や期差選任による効果は限定的なものにとどまる。

① 取締役の定員制限

　会社法上、取締役の解任は、株主総会の議決権の過半数で可能となったため(会339①、309①)、旧商法下におけるよりも容易に解任できるようになったが、解任について正当な理由がない場合には、解任によって取締役に生じた損害の賠償をしなければならないことから(会339②)、コストとの関係上、任期満了の時期を待たなければならないこともあり得る。ただし、会社法では取締役の人数に上限は設けられていないため、取締役の定員枠を定款で定めていない限り、買収前の取締役より多い取締役を新たに選任すれば、任期満了前の取締役

がいくらいても、取締役会の過半数を掌握することは可能になる。そこで、取締役の定員枠を削減しておくことにより、経営権獲得を遅らせることができる場合が出てくることになる（具体的な定款記載事項の記載例は、第3部第3章第1節）。

2　期差選任制

取締役の任期は通常2年であるから（会332①）、任期満了時を見計らって買収すれば、解任をすることなく取締役を全員交代させることも可能である。そこで、取締役の任期満了時期をずらすことにより（期差選任）、いっせいに取締役の任期が満了することを防ぐことができ、経営権の獲得を遅らせることができるようになる（具体的な定款記載事項の記載例は、第3部第3章第4節）。また、その前提として補欠選任条項の削除が必要となる場合もある。

6：委任状の個別取得

株主総会における議決権の行使は、株主総会開催日に会場において、直接議決権を行使するほかに、委任状を第三者に与えて、議決権の行使を第三者に委任することもできる（会310）。そこで、当該株主総会において議決権を行使する株主の過半数を取得されないように、委任状を自己に提出するように個別に勧誘をする方法が考えられる。防衛策としては極めて単純であるが、買収者が委任状も含めて過半数の議決権を握ると、買収者自身の保有株式が少なくても、会社の支配権を奪うことができるため、株主総会で過半数を把握できるかわからないような場合には、委任状勧誘合戦が重要になってくる。

企業防衛策の類型

第2章
定款自治と企業防衛

第1節　防衛策設計の視点

1：防衛策の内容

　企業防衛策を設計するに当たっては、手続的防衛策を導入するのか、手段的防衛策を導入しておくのか、または、両者を組み合わせて導入するのか、設計を考えなければならない。いわゆる事前警告型と呼ばれる防衛策を導入している会社には、手続的防衛策のみの設定で、具体的な手段的防衛策は、例示してあるのみというものも多い。他方で、例えば信託型ライツ・プランなどの具体的な手段的防衛策を導入している会社の場合、実際に効果を発揮させるトリガー条件として手続的防衛策をその設計に組み込んでいるのが一般的であるといえる。

　企業防衛策は、前述のとおり、①当該防衛策が企業買収から企業を安全かつ効率的に防衛する効果を有するもので、②防衛策導入または発動後、司法判断によりその効果を否定されないようなものである必要がある。そこで、その設計に当たっては、前述した裁判所の判断のほかに、経済産業省経済産業政策局長の私的研究会である企業価値研究会が作成した「企業価値報告書」、経済産業省・法務省が作成した「企業価値・株主共同の利益の確保又は向上のための買収防衛策に関する指針」、株式会社東京証券取引所が作成した「買収防衛策の導入に係る上場制度の整備等について」や、米国における代表的な判例基準を参考にすることが有用である。

　なお、以上のほか、企業価値研究会から「公正な買収防衛策のあり方に関す

る論点公開〜買収防衛策に関する開示及び証券取引所の取扱いについて〜」(平成17年11月10日)、「企業価値基準を実現するための買収ルールのあり方に関する論点公開」(平成17年12月15日) が公表されている。前者では、①買収防衛策に関する開示のあり方及び②証券取引所の買収防衛策等の取扱いのあり方について具体的提言がなされ、後者では、①買収者と対象会社とのバランスの確保および②株主・投資家のインフォームド・ジャジメントを可能とする環境整備についての具体的提言がなされている。

2：企業価値報告書
1 概要

　企業価値報告書は、日本における M&A 市場の現状や今後と課題、防衛策の経済的効果、欧米における敵対的買収に関するルールなどを紹介したうえで、日本における防衛策導入について、提案をしている。防衛策導入に関する提案は、企業価値基準を防衛策の合理性の判断基準としたうえで、その内容を検討し、防衛策に対する工夫を提言している。また、「定款変更による防衛策」として、①合併や取締役解任の要件加重、②事業結合制限条項、公正価格条項、支配株式条項を挙げている。ここで、事業結合制限条項とは、買収対象会社の支配権を取得した買収者が、事前に対象会社の取締役会が承認しない場合、一定期間（典型的には3年から5年）対象会社との合併、解散、資産の処分等の取引行為を行うことができないとする条項であり、公正価格条項とは、会社が吸収合併などの事業結合を行うには、少数株主に対して公正な価格が支払われない限り、利害関係者以外の株主による特別多数決による承認を得なければならないとする条項である。また、支配株式条項は、買収者が対象会社の一定割合以上の株式の取得または取得後の議決権行使について、利害関係者以外の株主の過半数の承認を得なければならないとする条項である（「企業価値報告書」注125）。会社法においては、種類株式として議決権の行使条件を定款において定めて、敵対的な買収者がその保有する株式数未満しか議決権を行使できないような種類株式を発行することによって、米国における支配株式条項と同様の規

定を導入することも可能となる、としている。

　以下では、報告書の提案する企業価値基準の内容、防衛策に対する工夫について紹介する。

2　企業価値基準の内容

　企業価値報告書は、「防衛策の合理性の判断基準としては、企業価値を損なう買収提案を排除するものであれば認められるべきであるが、反対に企業価値を高める買収提案は排除しないという基準（「企業価値基準」）が適当である」としたうえで、米国のユノカル基準（防衛策に関する経営者の判断は、経営者自身の保身のために行われる可能性があるので、買収によって企業価値が損なわれる脅威があると信じるに足りる合理的な根拠があり、講じた防衛策が過剰なものではないことを取締役が立証して初めて適法になるとする基準）を参考に「企業価値基準」の内容を、①脅威の範囲、②過剰性の判断基準、③慎重かつ適切な経営判断プロセスに分けて提案している。以下は、企業価値報告書からの抜粋・要約である。

(1) 脅威の範囲

　脅威とは、企業価値に対する脅威を指す。典型的な脅威の類型としては以下のものが考えられる。

・構造上強圧的な買収類型

　　会社に高額で買い取らせる目的で株式の買い占めを行うグリーンメールや、二段階目の買収条件が不利、不明確などの理由で、株主が売り急ぐよう強要する結果となる二段階買収など。

　　判断要素としては、買収者の経歴や評判、買収手法などが挙げられる。

・代替案喪失類型

　　買収提案の交渉を申し込むことなく、いきなりTOBをかけて、現経営陣に代替的な提案やより有利な条件で会社を購入してくれるホワイト・ナイトを探す時間的余裕を与えないような買収類型。

判断要素としては、買収価格の不適切さや買収者が会社に提供した交渉機会の有無、その長短などが挙げられる。
・株主誤信類型
株主が十分な情報がないため企業価値を損なうかどうか判断できず、誤信して買収に応じてしまう場合。

判断要素としては、経営者の経営方針と買収者の経営提案、特に経営者が重視する企業への強みへの影響（例えば、企業の競争力の源泉・根幹となっている人的資本の蓄積・信頼関係への影響など）などが挙げられる。

(2) 過剰性の判断基準

防衛策は脅威との関係で過剰でないことが必要である。買収防衛策は、原則として、買収者以外の一般株主をも差別的に取り扱うようなものではなく（非強圧性）、また、株主の選択権が確保されるものでなくてはならない（非排除性）。
・強圧性がないこと〜買収者以外の株主の平等な取扱い
一般株主をも差別的に取り扱って、特定の株主を優遇する防衛策や、自己株式の部分買付を行うなどの防衛策は、構造上強圧的な買収類型などに対する対抗策としては過剰とされないが、合理的な理由がない限り、一般的には過剰であると判断される可能性が高い。
・排除性がないこと〜委任状合戦などの株主の選択肢の確保
デッドハンド型の防衛策のように、委任状合戦などの防衛策解除の別途の道が買収者に提供されていない防衛策は、株主の選択権を完全に排除するものであり、構造上強圧的な買収類型以外の対抗策としては過剰な防衛となる。
・会社の売却がすでに決まっている局面での取扱い
取締役会が会社の売却をすでに決定し、第三者との間で売却交渉を進めている状況の中で、競合する敵対的買収者が現れた場合、取締役には当該買収者の競合提案も検討することが原則として求められる。

(3) 慎重かつ適切な経営判断プロセス

取締役会が防衛策の導入や維持・解除に関する判断を行うに当たり、企業価値を高めるために行っていることを証明するためには、防衛策の導入・維持・解除に関して慎重かつ適切な行動が求められる。具体的には、①十分な時間をかけた検討、②外部専門家の分析、③第三者の関与が必要である。

3 防衛策の合理性を高め、市場から支持を得るための工夫

防衛策の合理性を高め、市場から支持を得るための工夫としては、①防衛策の平時導入・内容開示・説明責任、②防衛策の消却可能性、③有事における判断が「保身目的」とならない最大限の工夫を、挙げている。

(1) 防衛策の平時導入・内容開示・説明責任

防衛策は平時に導入し、経営者がその設計に慎重な判断を行い、内容を開示することで、株主、投資家に対する説明責任を果たすべきである。

(2) 防衛策の消却可能性

防衛策は消却可能なものとする。委任状合戦によって取締役を交替させれば防衛策の解除を可能とし、かつ、防衛策を導入する場合には期差制を導入しないで1年ごとの株主総会で株主に直接是非を問う機会を設けることが不可欠である。法的な合理性を確保するための最低限確保すべき要件でもある。そこで、防衛策には消却条項（買収者が株式を買い占める前までは取締役会決議で消却ができるとする条項）を付与して委任状合戦での消却を可能にする、防衛策は1回の株主総会で消却を可能とする、黄金株や複数議決権株式にも消却条項を求めるといった措置を講じるべきである。デッドハンド条項（導入した当時の取締役が1人でも代われば消却不能となる条項）、ノーハンド条項（導入した当時の取締役の過半数を代えなければ消却できない条項）、スローハンド条項（取締役の過半数を代えても一定期間消却できない条項）を付した防衛策は合理的であるとはいえない。

(3) 有事における判断が「保身目的」とならない最大限の工夫

　有事における取締役の恣意的判断がなされない工夫をすべきである。独立性のある社外取締役や社外監査役などのチェック、客観的な解除要件の設定、防衛策の内容についての株主総会授権といった工夫のいずれかを採用すべきである。

　保身排除につながる客観的な工夫としては、①特に取締役会決議によって導入された防衛策については、有事における防衛策の維持・解除に関する判断について、独立性の高い社外取締役や社外監査役の判断を重視して、取締役会が防衛策の維持・解除を決定する仕組み（独立社外チェック型）、②有事における防衛策の扱いに関して防衛策の解除条件（交渉期間や判断権者など）をあらかじめ極力客観的に設定し、買収提案に応じるか否かの判断は最終的にはTOBによって株主に委ねたり、企業価値を高める可能性が高い買収への抵抗力を弱める仕組み（客観的解除要件設定型）、③平時において防衛策を導入するに当たり、株主総会の承認を受け、有事における取締役会の判断プロセスを株主総会から授権する方法（株主総会授権型）が挙げられている。

3：買収防衛策に関する指針

　企業価値研究会の平成17年4月22日付「論点公開〜公正な企業社会のルール形成に向けた提案」を受ける形で経済産業省及び法務省は同年5月27日に「企業価値・株主共同の利益の確保又は向上のための買収防衛策に関する指針」（以下、「買収防衛策に関する指針」という）を発表した。かかる指針がどの程度の行為規範になるかは定かではないが、現状においては買収防衛策を導入するに当たっての重要な指標になっていることには間違いない。

1 買収防衛策に関する指針（経済産業省・法務省）

　買収防衛策に関する指針では、買収防衛策は、企業価値・株主共同の利益を確保または向上するものとすることが基本であるとし、まず総論として以下の三つの原則を充たすものでなければならないとする。

① 企業価値・株主共同の利益の確保・向上の原則
② 事前開示・株主意思の原則
③ 必要性・相当性の原則

(1) 企業価値・株主共同の利益の確保・向上の原則

　この原則は、買収防衛策の導入、発動または廃止は、企業価値ひいては株主共同の利益を確保し、または向上させる目的の下で行わなければならないとするものである。そして指針では、株主共同の利益を確保し、向上させる防衛策の代表的なものを以下のように例示している。
(i) 株主共同の利益を確保し、向上させる代表的防衛策の例
　次の①から④までに掲げる行為により、株主共同の利益に対する明白な侵害をもたらすような買収を防止するための買収防衛策
　① 株式を買い占め、その株式について会社側に対して高値で買取りを要求する行為
　② 会社を一時的に支配して、会社の重要な資産等を廉価に取得する等会社の犠牲の下に買収者の利益を実現する経営を行うような行為
　③ 会社の資産を買収者やそのグループ会社等の債務の担保や弁済原資として流用する行為
　④ 会社経営を一時的に支配して会社の事業に当面関係していない高額資産等を処分させ、その処分利益をもって一時的な高配当をさせるか、一時的高配当による株価の急上昇の機会をねらって高値で売り抜ける行為
(ii) 強圧的二段階買収（最初の買付で全株式の買付を勧誘することなく、二段階目の買収条件を不利に設定し、あるいは明確にしないで、公開買付等の株式買付を行うことをいう）など株主に株式の売却を事実上強制するおそれがある買収を防止するための買収防衛策
(iii) 株主共同の利益を損なうおそれがある買収の提案であるにもかかわらず、株主が株式を買収者に譲渡するか、保持し続けるかを判断するために十分な情報が足りないなど株主が当該提案を判断することが困難な場合に

買収者に情報を提供させたり、あるいは、会社が買収者の提示した条件よりも有利な条件をもたらしたりするため、必要な時間と交渉力を確保するための買収防衛策

(2) 事前開示・株主意思の原則
　この原則は、買収防衛策は株主等の予見可能性を確保するために、買収防衛策の目的、内容等が具体的に開示される（事前開示の原則）とともに、株主の合理的な意思に依拠すべきである（株主意思の原則）、とするものである。
　（ⅰ）事前開示の原則
　　　買収防衛策は、商法・証券取引法等の法令や証券取引所規則で定められる最低限のルールに従った開示がなされるだけでなく、営業報告書や有価証券取引所などを活用して自主的な開示を行うべきである。
　（ⅱ）株主意思の原則
　　① 株主総会決議で導入する場合
　　　株主総会の特別決議による場合には定款を変更したり、第三者に特に有利な条件による新株・新株予約権を発行することが可能であるが、法律上特別決議が必要な事項よりも株主に与える影響が小さい事項であれば、株主総会の普通決議により買収防衛策を導入することも許容される。
　　② 取締役会決議で導入する場合
　　　取締役会決議により防衛策を導入する場合には、法律が予定している権限分配と整合的ではないものの、株主の総体的意思によって廃止できる手段が講じられている場合には株主意思の原則には反しない。

(3) 必要性・相当性の原則
　この原則は、買収防衛策は株主共同の利益を確保・向上させるものでなければならず、株主平等原則、財産権の保護、経営者の保身に利用されないよう配慮しなければならない、とするものである。
　（ⅰ）株主平等原則との関係

株主平等原則との関係では、①新株予約権者が一定割合以上の株式を有しない株主（買収者以外の株主）であることを行使条件とする新株予約権の発行、②買収者以外の株主に対する新株・新株予約権の発行、③種類株式の発行、であっても商法に基づく正当な手続きを踏めば導入が可能である。

(ⅱ)　財産権の保護との関係

　まず、株主以外の者に対し、特に有利な条件によって新株や新株予約権を発行することは既存の株式の価値を著しく低下させるので、株主総会の特別決議が必要である。また、買収者以外の株主であることを行使条件とする新株予約権を、株主割当で発行することは取締役会の決議で行うことができる。しかし、当該新株予約権の内容が、買収者に過度の財産上の損害を生じさせるおそれがあるようなものである場合には、旧商法第280条ノ21第1項等の規定の脱法行為と判断されるリスクがあるので、新株予約権の内容についての適法性を高めるための工夫を講じる必要がある。

(ⅲ)　経営者の保身（濫用）の排除との関係

　買収防衛策は、脅威の存在を合理的に認識したうえで、当該脅威に対して過剰でない相当な内容の防衛策を発動すべきであり、具体的防衛策の発動に当たっては、外部の専門家（弁護士、フィナンシャル・アドバイザー等）の分析を得るなど、判断の前提となる事実認識等に重大かつ不注意な誤りがない、合理的な判断過程を経た慎重な検討が求められる。

2　具体例

　指針は、上記の三つの原則を示したうえ、買収防衛策を株主総会決議によって導入する場合と、取締役会決議によって導入する場合の二つに分けて、それぞれ適法性を充たすための要件、合理性を充たすための要件を例示している。

(1)　株主総会決議で導入する場合

　株主総会で買収防衛策を導入する場合は、基本的に上記3原則に合致し適法

性が高いが、合理性を高め、市場の指示を得るために以下の工夫をすべきとする。
　① 株主が1回の株主総会における取締役の選解任を通じて消却することができる条項を設けること。
　② 定期的に株主総会の承認を確保する条項（サンセット条項）等、株主の総体的意思を定期的に確認する機会を設けるための措置を講ずること。
　③ 拒否権付株式等の種類株式は、買収者以外の株主を差別的に取り扱うため、投資家保護上の配慮が必要であり、特に株式を公開している会社が消却することができない拒否権付株式を新たに発行することについては慎重であるべきこと。

(2) 取締役会決議により導入する場合
　取締役会決議によって買収防衛策を導入する場合には、上記3原則に合致する適法なものとするために以下の条件を充たすべきである、とする。
　① 買収防衛策が株主共同の利益を確保し向上させるものであること。
　② 買収防衛策として用いることを主要な目的とすることや、株主が被る可能性のある不利益を株主に開示すること。
　③ 株主の総体的意思により消却する手段を講じること。
　④ 買収者以外の株主の非差別性が確保されていること。
　⑤ 発行時に過度に株主に財産的損害が生じないように設計すること。
　⑥ 取締役会の裁量権の濫用を防止する措置を講じること。
　上記①ないし⑥の措置を講じることによって適法性を確保した上で、買収防衛策の合理性を確保し、市場の理解を得るために以下の方策を採るべきとされる。
　① 客観的な買収防衛策廃止要件が設定されていること。
　② 独立社外者の判断が重視される仕組みが設けられていること。

4：買収防衛策の導入に係る上場制度の整備等について

1 東証要綱の公表

　東京証券取引所も、同年4月21日に「敵対的買収防衛策の導入に際しての投資者保護上の留意事項」を公表し、その後買収防衛策を導入する際の規則の策定作業に着手し、同年11月22日には「買収防衛策の導入に係る上場制度の整備等について（要綱試案）」を、平成18年1月24日にはその要綱（「買収防衛策の導入に係る上場制度の整備等について」）（以下、「東証要綱」という）を公表するに至っている（なお、本稿脱稿後、東証要綱に従い、「株券上場審査基準」等の一部改正が行われている）。

2 東証要綱の概要

　東証要綱は、買収防衛策を導入するに当たって、上場企業が尊重すべき四つの尊重義務を課し、尊重義務の遵守を上場審査基準における適格性の要件とした。また、尊重義務に反する場合には投資者に対する注意喚起のため、その旨を公表できるとしている。

(1) 尊重義務
　(i) 開示の十分性
　　株主・投資者の投資判断および買収防衛策に対する賛否の判断の適正性を確保するため、買収防衛策の内容に関して必要かつ十分な適時開示を行うこと。
　(ii) 透明性
　　買収防衛策の発動および廃止の条件が内部の経営者の恣意的な判断に依存する不透明なものでないこと。
　(iii) 流通市場への影響
　　株式の価格形成を著しく不安定にする等、買収者以外の株主・投資者に不足の損害を与える要因を含まないこと。
　(iv) 株主権の尊重

株主の権利内容やその行使を過度に制約するような買収防衛策ではないこと。

(2) 東京証券取引所への事前相談

また、買収防衛策を導入するに際しては、東京証券取引所に事前に相談することを原則とし、以下の条件に該当する場合には相当の事前期間を置いて相談をすることが望ましいとされる。

ライツ・プランにつき、
① 株主の総体的意思により廃止または不発動となる措置が設けられていないもの。
② 中立的な委員会が設けられていない、あるいは、発動の条件・判断基準が明示されていないもの。
③ 発動の決定がなされた後にそれが撤回される可能性があるもので、その撤回条件が明示されていないもの。

(3) 上場廃止基準

さらに、上場株式が備えるべき基本的かつ重要な権利が著しく損なわれる状態となった上場会社が、6か月以内に当該状態を解消しない場合には上場を廃止するものとし、以下三つを例示している。
① ライツ・プランのうち、行使価格が時価よりも大幅に低い新株予約権を導入時点の株主等に対し割り当てておくもの（実質的に買収防衛策発動時点の株主に割り当てるために、導入時点において暫定的に特定の者に割り当てておくような場合を除く）の導入
② デッドハンド型ライツ・プラン（株主総会で取締役の過半数の交代が決議された場合においても、なお廃止または不発動とすることができないライツ・プラン）の導入
③ 拒否権付株式のうち、取締役の過半数の選解任、その他重要な事項について種類株主総会の決議を要する旨の定めがなされたものを発行する場合

（会社の事業目的、拒否権付種類株式の発行目的、割当対象者の属性、権利内容その他の条件に照らして、株主および投資者の利益を侵害するおそれが少ないと東証が認める場合）

5：米国における代表的な基準
1 ユノカル基準
　ユノカル基準とは、米国のデラウェア州最高裁判所における Unocal Corp. v. Mesa Petroleum 事件（1985年）で示された、①取締役会は敵対的買収に対して対抗策を講じる権限を有する、②取締役は買収提案が会社と株主の最善の利益に適うか否かを判断する義務を負う、③敵対的買収により会社の経営方針や効率性に対する脅威が生じていると取締役が信じるに足る合理的な理由（脅威の要件）と脅威に対する対抗措置が脅威との関係において相当でなければならない（相当性の要件）、④脅威の要件と相当性の要件を取締役側が立証したときは経営判断原則を適用する、という基準である。

2 レブロン基準
　レブロン基準とは、米国デラウェア州最高裁判所における Revlon, inc. v. MacAndrews & Forbes Holdings, inc. 事件（1985年）で示された、会社の売却が避けられないと認識した後の取締役の責務は、会社の企業体としての保存ではなく、売却価格の最大化であるとする基準である。

第2節　定款による企業防衛策
1：定款自治
　会社法は、旧商法と異なり、株式の内容や機関の構成、各機関の権限分配など、多くの事項を定款により自由に定めることを許容した。そこで、旧商法においても認められていた「定款による特別の定め」による設計も含め、定款による会社の設計の自由度が飛躍的に増大したといえる。このように、定款自治が大幅に認められたことから、会社法においては、企業防衛策も、定款によっ

てさまざまに設計が可能になったといえる。

2：定款による防衛策設計

　定款により防衛策を設計することは、株主総会の特別決議を経ることになるので、取締役の保身目的との判断がなされにくいというメリットが考えられる。しかし、逆にいえば、定款による防衛策設計は、株主総会の特別決議を経なければ変更できないという意味で、機動性に欠けるというデメリットもある。そこで、定款による防衛策の設計は、定款で定めることがふさわしいかどうかを判断したうえ、防衛策の全体構造の中で、取締役会等の機関との権限分配を適切に行う必要がある。

　定款により防衛策を設計するに当たっては、「買収者」、「有事」などの定義の明確化、防衛策発動（撤回）条項の明確化など、定款を適用する際の明確性、客観性確保にも注意をすべきである。

3：定款により設計できる防衛策

設計分野	具体的防衛策
株式（新株予約権）設計	・発行可能株式総数の拡大 ・取得条項付新株予約権の利用 ・取得請求権付・取得条項付株式の利用 ・種類株式の利用
機関設計	・取締役の定員制限 ・取締役の資格制限 ・取締役の解任決議の要件の厳格化 ・取締役の期差選任制・補欠選任条項の削除 ・取締役の責任軽減 ・取締役の退職慰労金の高額化 ・委員会設置会社制度の導入 ・（社外取締役（独立取締役）要件の定款化）
組織再編設計	・組織再編要件の厳格化 ・簡易組織再編要件の厳格化

| その他 | ・敵対的買収防衛策の導入についての株主総会の承認
・配当政策
・基準日 |

第3部 企業防衛策としての定款変更

第1章
企業防衛策に有用な定款記載事項（総論）

第1節　鮫よけ（シャーク・リペラント）

　企業防衛策としての定款変更とは、敵対的買収者による会社の支配を困難なものにするため、定款に特殊な条項を設定するものである。

　米国では鮫よけ（シャーク・リペラント）という。

　日本でも定款を利用してさまざまな企業防衛策を講じることが可能である。とりわけ会社法の下では、定款自治が認められる範囲が拡大したため、企業防衛策に有用な定款変更の可能性が増大する。

第2節　定款変更による企業防衛策の効果

　定款を変更するには、株主総会の特別決議が必要となる（会309②十一、466）。したがって、企業防衛策を定款で定めておいた場合、敵対的買収者側がその防衛策を打破するには定款を変更しなければならず、株主総会で特別決議がとれるだけの株式を確保することが不可欠となる。

　しかし、それだけ大量の株式を確保することは資金的にも容易なことではないから、最初から敵対的な買収をすることはやめよう、という判断が働くはずである。企業防衛策としての定款変更には、そのような効果が期待されている。

第3節　本稿の検討事項

　企業防衛策に有用な定款記載事項には、多種多様なものが考えられ、一般に体系化されているとはいえない。

ここでは、①企業防衛のための株式に関する定款変更例、②企業防衛のための機関に関する定款変更例、③企業防衛のための組織再編に関する定款変更例、④企業防衛のためのその他の定款変更例に分けて解説することにする。なお、企業防衛策を導入するための前提として必要となる定款変更も含めて検討する。

第2章

企業防衛のための株式に関する定款変更例

第1節　発行可能株式総数の拡大

▼定款変更例

現　行	変更後
（株式の総数） 第○条　当会社が発行する株式の総数は、4,000万株とする。	（発行可能株式総数） 第○条　当会社の発行可能株式総数は、8,000万株とする。

1：発行可能株式総数を拡大しておく必要性

　株式会社の発起人は、定款で発行可能株式総数を定める必要がある（会37①、②）。そして、公開会社では設立時に発行可能株式総数の4分の1以上の株式を発行し、残りの4分の3以下の株式の発行については、取締役会に授権されている（会37③）。

　これを授権資本枠というが、資金調達のために増資を行うなどすると、この授権資本枠の残りが少なくなり、あるいは全くなくなることがある。

　ところで、企業防衛策の中には、ライツ・プラン（ポイズン・ピル）の導入や、敵対的買収を仕掛けられたときに買収者以外の者に新株を発行し（第三者割当増資）、買収者の持株比率を下げる方法など、株式等の発行をともなうものもある。万が一、敵対的買収を仕掛けられたときに授権資本枠の残りが少なかったり、あるいは全くなかったりすると、せっかく企業防衛策を導入していても、その防衛策を発動することができない。そのような事態になったのでは

企業防衛策を導入した意味がない。
　そのため、いざというときに株式等の発行をともなう企業防衛策を発動できるように、あらかじめ定款変更をして発行可能株式総数を拡大しておく必要がある。

2：発行可能株式総数の拡大の規模

　公開会社においては、定款を変更することにより、発行済株式総数の4倍まで発行可能株式総数を増加させることができる（会113③）。
　株式等の発行をともなう企業防衛策を機動的に発動できるようにするという観点からは、定款変更により法律上の上限である発行済株式総数の4倍まで発行可能株式総数を増加させておくことが考えられる。

3：発行可能株式総数の拡大が必要な時期

　法律上は、増資等をして発行済株式総数が増加するたびに、その4倍まで発行可能株式総数を増加させることが可能である。しかし、増資のたびに定款変更をして発行可能株式総数を増加させることについては、株主の理解を得ることが極めて難しいと思われる。
　それでは、授権資本枠の残りがどれくらい少なくなったら、定款変更をして発行可能株式総数を増やすべきであろうか。
　株式等の発行をともなう企業防衛策を発動するための授権資本枠の確保という観点からは、授権資本枠の残りが発行済株式総数と同数以下になったら、定款変更をして発行可能株式総数を増やすべきである。
　なぜなら、仮に敵対的買収者が発行済株式総数の全部を取得した場合でも、発行済株式総数以上の授権資本枠が残っていれば、第三者割当増資によって敵対的買収者の持株比率を2分の1以下に低下させることができる。しかし、授権資本枠の残りが発行済株式総数を下回っていると、そのすべてを第三者割当増資にあてても、敵対的買収者の持株比率を2分の1以下に低下させることができない。つまり、発行済株式総数の過半数を確保されてしまうので、株式等

の発行をともなう企業防衛策は功を奏さない結果となるからである。

4：株主総会招集通知における定款変更の理由の記載方法

　資料版／商事法務257号6頁によれば、平成17年6月の株主総会で授権株式数の増加に関する定款変更を行ったのは、分析対象449社のうち230社である。

　株主総会招集通知における定款変更の理由の記載方法は各社によりまちまちであるが、例えば次のように記載し株主の理解を求めている。

① 　買収防衛策との関係を詳細に記載した例（東京エレクトロン）

> 　この授権株式総数の変更は、本来的には、将来の資金調達、資本政策の機動性向上等に備える目的を有しております。
> 　また、今回の授権株式総数の変更といわゆる買収防衛策との関係についてご説明申しあげます。昨今、企業価値を損なう買収の脅威が、社会的に強く認識されつつあります。当社は、現時点で何か具体的な買収提案等を受けているものではありませんが、当社グループの価値に照らし不当に安い価格で買収に応じることを株主の皆様に強要する構造の買収など、株主の皆様の利益をはじめとする企業価値を損なう買収提案に対する備えとして、企業価値を守る相応の予防策（買収防衛策）を準備しておくことは、上場企業である当社として重要な責務であると認識しております。適正な買収防衛策が導入されることは、買収提案に関する十分な情報開示や条件改善交渉など、買収提案の受入れの是非について株主の皆様に客観的にご判断いただける環境が整備されることにもなります。
> 　当社としては、買収防衛策はこの点を踏まえて今後慎重に検討していく課題であると認識しており、現在のところ、買収防衛策の具体的内容について決定している事実はありません。しかし、今回の授権株式総数の変更は、新株等の発行可能総数を増加させますので、企業価値を毀損する買収に対して当社がとり得る選択肢を拡げる側面がございます。ただ、いうまでもないことですが、授権株式総数の拡大が防衛策として直接関係しうるのは新株等の発行についてであるところから、かかる新株等の発行は、あくまで、企業価値を損なう買収を防止するため、商法の規定のほか、政府の指針、東京証券取引所の要請等に則り、株主の皆様の利益を守るために行われることとなります。また、今回の授権株式総数の変更に

> よって、企業価値を高める買収提案が株主の皆様の意思に反して阻止されるという事態に至るものではございませんので、併せて申し添えます。

（出所）資料版「商事法務」257号45頁〜46頁

② 資本の充実に備えるとともに、敵対的買収防衛策としての側面も念頭に置いている旨を記載した例（アリアケジャパン）

> 　将来における資本の拡充に備えるため、現行定款第5条（発行する株式の総数）の規定を変更し、当社が発行する株式の総数を増加するものであります。
> 　なお、上記の定款一部変更（授権資本拡大の件）は、敵対的買収防衛策としての側面も念頭に置いておりますが、敵対的買収者が現れた場合の脅威として想定している具体的な事象はなく、具体的な防衛策の導入については、その必要性も含め、今後の検討課題と認識しております。
> 　今後防衛策として株主および投資家に影響を与える施策を発動することを決定した場合は、その詳細について直ちに公表いたします。

（出所）資料版「商事法務」257号15頁

　定款変更の理由の記載としては、上記の例のように、資金調達の機動性確保の目的があることを前提とし、敵対的買収防衛の観点からの説明を加える、というパターンが多いようである。

　なお、企業年金連合会をはじめとする機関投資家の中には、授権資本枠拡大に関する定款変更議案について、具体的な説明があり、買収防衛策でないことが明らかな場合以外は、議案に反対票を投ずるという行動に出ているところもある。

　実際、上記①の東京エレクトロンの定款変更議案は株主総会において否決されている。

　したがって、上記のような投票行動をとる機関投資家の持株比率が高い会社では、単純な企業防衛のための発行可能株式総数の拡大は困難であると考えられる。

5：東京証券取引所の対応

　上場会社が企業防衛策としての定款変更を行う場合には、証券取引所による規制に注意する必要がある。

　例えば、東京証券取引所では買収防衛策の導入に係る上場制度の整備を行い、「定款変更に係る適時開示」として、次のような内容を定めている。

① 　上場会社の業務執行を決定する機関が「定款の変更」を行うことを決定した場合に、その内容を開示しなければならない。
② 　目的および定款変更の内容についての開示を求める。
③ 　上場会社全社より定款の全文を受領し、東京証券取引所のホームページにおいて投資者の閲覧に供する。

　また、定款変更に限らず、上場会社による買収防衛策の導入に当たっては、円滑な判断が可能となるよう、当該買収防衛策の導入を開示する前に同取引所に事前に相談することを要請している。

　したがって、とりわけ東京証券取引所に上場している会社が定款変更により買収防衛策を導入する際には、同取引所に事前相談を行ったうえ、定款変更の目的、変更の内容等を開示するなど、細心の注意が必要となる。

第2節　新株予約権・種類株式等の利用

　昨今、敵対的な買収事例が散見されるように至り、特に新株予約権、あるいは種類株式を使った買収防衛策に注目が集まっている。以下では、種類株式の改正点を概観したうえで、種類株式の定款記載事項について検討し、種類株式を利用した買収防衛策の定款モデルを紹介したい。なお、種類株式を使った防衛策については証券取引所規則との整合性、市場への影響等も無視し得ないところであり、各会社の実態に応じたオーダーメイドの設計が不可欠である。また、種類株式の定款記載例は、経済産業省・法務省が発表した「買収防衛策に関する指針」、東京証券取引所の株券上場審査基準を踏まえたものであるが、いまだ筆者の個人的見解の域を出ないものであり、現実にその種類株式を導入するには複数の問題を残されていることをあらかじめご留意いただきたい。

1：会社法の下の種類株式について

　株式は、均一の割合的単位を採るのが原則である。これは株主の個性を問題とすることなく広く社会に散在する小額資本を結集するためのものであり、株式制度の大原則である。もっとも、資金調達の便宜のために内容の異なる株式を設計するニーズがあり、旧商法においても優先株式、劣後株式、議決権制限株式、償還株式、転換株式などの種類株式が設計されていた。
　これに対して、会社法ではこれらの種類株式の概念が整理されるとともに新たにいくつかの種類株式を認めている。

1　種類株式の概念整理

　会社法では、旧商法下において用いられてきた「消却」という概念（旧商222①四）は、株式会社が自己株式を消却する場合のみに使用されることとなった。そのため、旧商法下の償還株式は、株主の側から取得を請求できる取得請求権付種類株式（会2一八、108①五）、と株式会社が取得を請求できる取得条項付種類株式（会2一九、108①六）に整理された。また、取得の対価は、株式（他の種類の株式でもかまわない）、新株予約権、社債、その他の財産であってもよく、旧会社法における転換株式などは他の種類の株式を取得の対価とした取得請求権付株式というように整理されている（会107②二、三、108②五、六）。新株予約権、社債、その他の財産までもが取得の対価として認められている点で設計可能な種類株式の範囲は拡大している。

2　新しい種類株式

　会社法によって新たに認められた種類株式は、譲渡制限付種類株式（会2一七、108①四）、全部取得条項付種類株式（会108①七）がある。

(1)　譲渡制限付種類株式

　旧商法においても株式に譲渡制限を付すことはできたが（旧商204①）、一部の株式にのみ譲渡制限を付すことができるか否かは学説上の争いがあり、実務

上は一部の株式にのみ譲渡制限を付すことはなかった。そのため、昨今注目を浴びている黄金株を発行した場合にも、それが非友好的な第三者に譲渡されるリスクを払拭することができなかった。

しかし、会社法では譲渡制限を株式の内容として捉え（会107①一）、譲渡制限株式を一つの種類株式として構成しなおした（会108①四）。これによって他の株式について、譲渡制限の定めを置かない上場会社においても譲渡制限の定めを置く黄金株の発行が法律上可能となった。

もっとも、黄金株の利用については株主共同の利益を害するとの観点から証券取引所の規則によって利用を制限される可能性が高く、現段階は現実に黄金株が利用されるか否かについては懐疑的な見解が多いところである。

(2) 全部取得条項付種類株式

全部取得条項付種類株式とは、二以上の種類の株式を発行する株式会社が、そのうちの一つの種類の株式の全部を株主総会の特別決議によって取得することができる旨の定款の定めがある株式である（会171①、108①七）。会社法において新たに創設された種類株式である。

全部取得条項付種類株式は、企業再生の際に会社更生法や民事再生法などの倒産法の手続きによらず、すなわち任意整理手続において100％減資を実行するための手段として創設された種類株式である。100％減資を実行するための手続きとしては、まず、スポンサーに種類株式を発行し、普通株式を全部取得条項付種類株式に転換し、そのうえで全部取得条項付種類株式を取得するための特別決議を行うというものである。これらの手続きは一見複雑にも思えるが実は１回の株主総会ですべての決議が行えることになっている。全部取得条項付種類株式は種類株式であるからスポンサーへの新しい種類株式の発行を決議しても、実際にスポンサーからの払込みがなければ、当該会社は種類株式発行会社にはならない。そこで、全部取得条項付種類株式の取得の特別決議にスポンサーからの払込みが実行されることを条件として付し、払込みが実行されると同時に当該会社が種類株式発行会社となり、全部取得条項付種類株式が取得

されるという仕組みになっているのである。

3　種類株式の組合せによるバリエーション
　会社法は、第108条第1項において9つの種類株式を定めているが、それら一つひとつの種類株式を組み合わせることによって、さらに多様な利用が期待されている。
　上記のとおり100％減資を任意整理手続の中で実行することを想定していた全部取得条項付種類株式についても、買収防衛策として利用することが期待されている。例えば、取得条項付株式の新設、あるいは定款変更については当該種類株主の全員の同意が必要となるが（会111①）、全部取得条項付種類株式に一旦変更し、取得の対価として取得条項付株式を交付すれば、特別決議によって普通株式を取得条項付株式に変更できるのである。また、取得条項付株式の取得の対価について一定の買収者についてのみ議決権制限株式を交付するというような内容を付すことも可能となっている。
　このように、一つひとつ種類株式を組み合わせることによって、さらに多様な内容の株式設計が可能となっている。

2：種類株式の定款記載事項
　種類株式を発行するには、発行可能種類株式総数と当該種類株式の内容に応じて会社法第108条第2項各号の事項を定款に定めなければならない。もっとも、上記のように種類株式の内容の設計について相当広範囲な裁量を与えたこともあり、種類株式の内容を定めた後、実際に種類株式に定めた内容とは異なる条件で種類株式を取り扱いたいというニーズが出てくることも予想される。また、余りに詳細な定款規定を置いてしまうと、種類株式の内容を微調整したいというときでさえも株主総会の特別決議を必要とすることとなり、使い勝手が悪くなる。
　そこで、会社法は、定款で定める事項のうち、剰余金の配当について内容の異なる種類の種類株主が配当を受けることができる額その他法務省令で定める

事項については、当該種類株式を初めて発行するまでに、取締役会（取締役会を設けない会社については株主総会）の決議によって定める旨を定款で定めることができることとされた（会108③）。もっとも、株主は当該種類株式を新設あるいは当該種類株式への定款変更をする際に、その種類株式がどのような内容をもったものか知る必要があるため、種類株式の内容の詳細を取締役会で決定する場合には、その要綱を定款で定めなければならない（会108③）。そして、「要綱」とは、一般的には、種類株式の内容のうち、定款変更の妥当性について株主が適切な判断を行い得るものであり、事後的に行われる取締役会での細目の決定の内容について、参考になる事項について定めておけば足りると解される。

例えば、取得条項付種類株式を発行する際の定款記載事項を検討すると以下のとおりである。

取得条項付株式を発行する場合には、原則として、①取得条項付株式の発行可能株式総数、②一定の事由が生じた日に株式会社が株主の保有する株式を取得する旨およびその事由、③株式会社別に定める日が到来することをもって②の事由とするときはその旨、④②の事由が生じた日に取得条項付種類株式の一部を取得することとするときはその旨および取得する株式の一部の決定方法、⑤取得の対価として社債、新株予約権、新株予約権付社債、株式、および株式以外の財産を交付する場合は、その種類、数量および算定方法を定款で定めなければならないとされている（会108②六、107②三）。

もっとも、上記③および④については、定款で別段の定めを置かない限り、取締役会（取締役会を置かない会社では株主総会）の決議によって、会社が請求をできる日（上記③）、あるいは会社が取得を請求する株式（上記④）を決定できる（会168①、169②）。また、会社法施行規則第20条第1項では、会社法第108条第3項に規定する法務省令で定める事項を、会社法第107条第2項第二号イに掲げる事項（上記①のうち取得条項付種類株式である旨のみ）、当該種類株式の株式1株を取得するのと引換えに当該種類の株主に対して交付する財産の種類（上記④の種類のみ）以外の事項とする。

したがって、取得条項付種類株式を発行する際の定款記載事項は、①当該種類株式の発行可能株式総数、②一定の事由が生じた日に株式会社が株主の保有する株式を取得する旨、③取得の対価として社債、新株予約権、新株予約権付社債、株式および株式以外の財産を交付する場合の財産の種類を記載すればその他の事項は要綱を定め、詳細は取締役会（取締役会を置かない会社では株主総会）の決議によって定める旨を定款に記載すれば足りることになる。

　その他8種類の種類株式についても、会社法施行規則第21条第1項各号に掲げる事項以外の事項については、その要綱を定めれば詳細は取締役会（取締役会を置かない会社では株主総会）の決議によって定めることができる（会108③）。もっとも、明確性の見地からすれば従来通りの定款記載を維持して特に支障がない場合には、同程度に詳細な定款記載を行う方が望ましいであろう。

3：買収防衛策に関する指針と東証の規則

　会社法では旧商法に比較しても多様な種類株式の設計が可能であり、種類株式を利用した買収防衛策を設計することも可能であるが、適正な内容を持つものでなければ株主共同の利益を毀損し、現経営者の保身のために利用される危険がある。わが国においては、米国やEU諸国とは異なり、敵対的な買収事案が少なく、それに対する行為規範が形成されているとはいえない状況にある。このような状況下において、前述のとおり、経済産業省および法務省は同年5月27日に「企業価値・株主共同の利益の確保又は向上のための買収防衛に関する指針」を発表し、東京証券取引所も、平成18年2月21日に新しい株券上場審査基準を公表するに至っている。

　種類株式を利用した買収防衛策を導入する場合には、これらの考え方に沿った内容とすることが求められるであろう。

4：黄金株（拒否権付株式）を利用した買収防衛策

変更前	変更後
〔新設〕	（株式の総数） 第○条　当会社が発行する株式の総数は、○○○○株とし、このうち○○株は普通株式、○○株は甲種類株式とする。
〔新設〕	（甲種類株式の拒否権） 第○条　当会社は、次の各号の事項につき、法令または定款により要求される株主総会または取締役会による決議のほか、甲種類株主の種類株主総会の決議をも要する。 (1)　取締役○名の選任または解任 (2)　最終の貸借対照表上の純資産の10％以上の財産の処分または譲受 (3)　合併、株式交換、株式移転、会社分割または営業の譲渡もしくは譲受 (4)　当会社の株主への金銭の払い戻しをともなう当会社の資本の減少 ②　甲種類株主の種類株主総会は、当社の企業価値及び株主共同の利益の確保・向上させるために必要と判断される場合に限り、法令または定款により要求される株主総会または取締役会によ

企業防衛のための株式に関する定款変更例

	る決議に反対の決議を行うものとする。 ③　当会社は、総株主の過半数の議決権を有する株主が出席し、その議決権の過半数をもって行われた株主総会決議に基づき、甲種類株式を無償で取得することができる。 ④　当会社が発行する甲種類株式の譲渡または取得については、株主または取得者は取締役会の承認を受けなければならない。

1　許容される黄金株の内容について

　買収防衛策に関する指針に照らすと、黄金株は取締役会の特別決議によって導入されるため（会466、309②十二）、適法性の観点からは指針が示す三つの原則を充足するが、妥当性の観点から、①1回の株主総会における取締役の選解任を通じて消却することができる条項を設けること、②定期的に株主総会の承認を確保する条項（サンセット条項）等、株主の総体的意思を定期的に確認する機会を設けるための措置を講ずることが求められる。特に消却不可能な拒否権付株式は、指針に照らしても適法に設計することは困難であろう。

　次に東京証券取引所の株券上場審査基準に照らして検討すると、株主の総体的意思によっても廃止できないようなデッドハンド条項がある場合や取締役の過半数の選解任、その他重要な事項についてまで拒否権を与えると、上場廃止の危険があると思われる。これらの点は株券上場審査基準に明記されているわけではないが、要綱段階ではそれぞれ明記されていた事項であり、株券審査基準にも、その趣旨を引き継がれていると考えられる。また、より望ましい設計として、拒否権の行使の可否につき中立的な委員会が判断するとか、拒否権の

行使条件を明示することが考えられる。

　したがって、黄金株を導入する場合には、最低限、株主の総体的意思によって黄金株を消却できること及び取締役の過半数の選解任、その他の重要な事項についてまで拒否権を与えないこと、という要件を充たす必要がある。その上でより合理性の高い設計とするため、サンセット条項を付したり、拒否権の行使基準を明確化したり、中立的な委員会の判断に従って拒否権を行使するなどの設計を設けることが考えられる。

　もっとも、拒否権を付すことができる事項の範囲について、東京証券取引所は「会社の事業目的、拒否権付種類株式の発行目的、割当対象者の属性及び権利内容その他の条件に照らして、株主及び投資者の利益を害するおそれが少ないと当取引所が認める場合を除く」とされており、当該会社の実態に鑑み、必要に応じて拒否権を認める事項の範囲を拡大させるなど柔軟な対応が執られることが前提となっており、どの範囲まで拒否権を付すことができるかの点については不明確な点が残っている。実務上、この点については、東京証券取引所との事前相談の段階で、範囲を確定することになるであろう。

2　黄金株の定款記載事項

(1)　最低限必要な定款記載事項

　黄金株の定款記載事項は、①発行可能種類株式総数、②当該種類株主総会の決議があることを必要とする事項、③当該種類株主総会の決議を必要とする条件を定めるときはその条件、である（会108②八）。もっとも、③については、仮にそれを定める場合であっても、会社法施行規則第20条第1項第七号によって、その要項のみを定款に記載すれば足りる（会108③）。

　したがって、黄金株を発行する場合には、発行する黄金株の数と拒否権を与える対象事項を定款に記載することが最低限必要となる。

(2)　拒否権を行使する条件

　また、買収防衛策を導入する場合、それが新株予約権を利用するか種類株式

を利用するかにこだわらず、買収防衛策に関する指針が示す3原則に適合する防衛策とするために、ガイドラインなどを策定することによって買収防衛策を発動する際の基準を明確化する必要がある。黄金株の場合には、それが上記③の「当該種類株主総会の決議を必要とする条件」に当たるが、これについては上記のとおり「要綱」を定めれば足りる。モデルでは、買収防衛策に係る指針が示す原則に従うことを明示している。

なお、拒否権を発動する際のガイドラインは別途作成する必要があろう。その中で、社外取締役や社外有識者などからなる独立委員会などを設けるのも可能であり、そのバリエーションとして独立委員会が黄金株を保有するというのも一つの案となろう。

(3) 解除条件

黄金株は、企業価値・株主共同の利益の確保・向上のために導入、発動されなければならず、株主の合理的意思に依拠する必要がある。よって、過半数の株主の同意があっても解除できないデッドハンド型の黄金株は、株主の合理的意思に依拠するとはいえない。この点については、買収防衛策に係る指針においても、指摘されているところである。

定款モデルでは、株主の過半数の同意によって黄金株を消却できるものとしている。具体的には黄金株に取得条項を付けるものとした。

(4) 譲渡制限

会社法では、株式の譲渡制限を株式の持つ性質の一つとして捉えたため、特定の株式についてのみ譲渡制限を付すこともできるようになった。これによって黄金株が敵対的第三者に渡ることを防止することができる。

③ 新株予約権との比較

現実に導入が可能な黄金株は、本来会社法が予定しているものよりもその効力が弱いうえ、以下のようなデメリットが存在するため、現状においては現実

に利用されるか、懐疑的な見解も多い。

(1) 株主総会の特別決議が必要であること
　種類株式を発行するためには、定款変更手続が必要なため株主総会の特別決議を経る必要がある。しかし、特別決議を採択できる会社においては、特段買収防衛策を講じる必要がない場合も多い。一方で買収防衛策を必要とする会社では、特別決議に必要な賛同を得られないことが考えられる。
　この点、新株予約権を使った買収防衛策は取締役会決議によって導入できるため、迅速な導入が可能である。

(2) 市場への影響が大きいこと
　黄金株を利用した買収防衛策を導入した場合に市場がネガティブな評価を下すおそれがある。新株予約権を使った買収防衛策が導入された会社の株価はおおむね値下がりしている。黄金株は新株予約権を利用した買収防衛策と比較すると一般株主に与える影響が大きいとされており、市場がどのような評価を、あるいはネガティブな評価を下す可能性は払拭しきれないところである。株価が低迷すると、さらに敵対的買収を仕掛けられるリスクも増大するため、慎重な検討を要する。
　一方で、新株予約権を利用した買収防衛策については、発行可能株式総数についてのいわゆる4倍ルールが存在するため、買収防衛効果に限界があるというデメリットがある。すなわち、濫用的な買収であることが明らかであっても、発行可能株式総数は発行済株式総数の4倍以内でなければならないため、新たに発行済株式総数の3倍を超える株式を発行することはできない。これに対して、黄金株であればそのような制限はなく、濫用的買収から企業価値を守ることができる。

第3章
企業防衛のための機関に関する定款変更例

第1節　取締役の定員制限

▼取締役の定員枠の設定

現　行	変更後
（員数） 第○条　当会社の取締役は、5名以上とする。	（員数） 第○条　当会社の取締役は、10名以内とする。

▼取締役の定員減少

現　行	変更後
（員数） 第○条　当会社の取締役は、20名以内とする。	（員数） 第○条　当会社の取締役は、10名以内とする。

1：取締役の定員を制限する必要性

　取締役会設置会社の取締役の人数については、3人以上でなければならないという制限があるのみである（会331④）。
　定款で取締役の人数を定めている会社が大多数であるが、定員の定めがあっても「○名以上」となっている会社もある。取締役の選任は原則として株主総会の普通決議で足りるから（会329①、309①）、このような会社の場合、敵対的

買収者が過半数の株式を取得して、株主総会で取締役増員の議案を提出すると、敵対的買収者側の取締役が多数選任されることになる。つまり、取締役会の支配権が容易に敵対的買収者側に移ってしまう。

このような事態を生じさせないようにするためには、取締役の定員の上限を定めておく必要がある。

また、取締役の定員の上限を定めていても、定員枠に余剰があると(例えば、定款では「当会社の取締役は、20名以内とする。」と規定しているにもかかわらず、取締役を8名しか選任していない場合)、やはり敵対的買収者側に取締役を追加選任されてしまい、取締役会の支配権を奪われることになる。

そのため、実際に選任されている取締役の人数に合わせて取締役の定員を減少する定款変更をすることによって、取締役の定員枠の余剰をなくす必要がある。

2：実例—国際航業事件

定員枠を設定していなかったために、敵対的買収者側に取締役会の支配権を奪われた実例として、国際航業事件がある。

国際航業では、取締役の定員に上限を定めていなかった。そのため、過半数の株式を取得した敵対的買収者から多数の取締役が送り込まれた。その結果、従来の社長が非常勤取締役に降格され、その後、任期満了により退任に追い込まれてしまった。

取締役の定員枠を設定していれば、このような事態は回避できたと考えられる。取締役の定員制限は企業にとって必要かつ重要な防衛策であるといえる。

3：株主総会招集通知における定款変更の理由の記載方法

資料版／商事法務257号8頁によれば、平成17年6月の株主総会で取締役の定員制限に関する定款変更を行ったのは、分析対象449社のうち284社であり、うち256社で取締役の定員を減少している。

株主総会招集通知における定款変更の理由としては、例えば次のように記載

している。
① 取締役の定員減少—現状の員数を勘案して定員を減少するものであるが、企業価値を毀損する買収者が現れた場合の防衛策としての側面も有している旨を記載した例（キッツ）

> また、経営の効率化と業務執行の充実を目的とし、第86期に実施した取締役会の改革と執行役員制度の導入により減少した現状の取締役員数を勘案し、現行定款第18条に定める取締役の員数を9名以内に変更するものであります。
> なお、これらの変更は、企業価値を毀損する買収者が現れた場合の防衛策としての側面も有しております。

（出所）資料版「商事法務」257号34頁～35頁

② 取締役の定員枠の設定—効率的な意思決定が行えるよう、定員の上限を規定するものであるが、敵対的買収防衛策としての側面も念頭に置いている旨を記載した例（因幡電機産業）

> (1) 省略（授権資本枠の拡大）
> (2) 取締役会においてより効率的な意思決定が行えるよう、現行定款第16条（取締役の員数）に定める取締役の員数を3名以上から15名以内に変更するものであります。
> (3) 省略（取締役の任期の短縮）
> 　なお、上記(1)及び(2)に関する定款変更は、機動的な財務戦略及びコーポレートガバナンス強化の視点より行うものですが、敵対的買収防衛策としての側面も念頭においております。現在、買収者が現れた場合の脅威として想定している具体的事象はありませんが、仮に買収者が現れた際に、企業価値を守るべく当社が対抗しうる選択肢を広げておく観点で実施するものであります。
> 　今後、株主の皆様に影響を与える防衛策を決定した場合は、その詳細について直ちに公表いたします。

（出所）資料版「商事法務」257号61頁～62頁

定款変更の理由の記載としては、上記の例のように、執行役員制度の導入または定着、取締役会の効率的な意思決定などを理由としてあげつつ、敵対的買収防衛の観点からの説明を加える、というパターンが多いようである。

第2節　取締役の資格制限

現　行	変更後
（選任方法） 第○条　取締役は、株主総会において選任する。 ②　取締役の選任決議は、総株主の議決権の3分の1以上を有する株主が出席し、その議決権の過半数で行う。 ③　取締役の選任決議は、累積投票によらないものとする。 〔新設〕	（選任方法） 第○条　〔現行通り〕 ②　取締役の選任決議は、**議決権を行使することができる株主**の議決権の3分の1以上を有する株主が出席し、**出席した当該株主**の議決権の過半数をもって行う。 ③　〔現行通り〕 ④　取締役は、日本国籍を有するものに限る。

1：取締役の資格制限の許容性

株式会社（公開会社でない株式会社を除く）は、取締役が株主でなければならない旨を定款で定めることができない（会331②）。

しかし、会社法で制限しているのは取締役の資格を株主に限ることだけである。各会社の具体的事情に応じ不合理な内容でない限り、定款で取締役の資格にそれ以外の制限を加えることは可能である。

そのため、取締役の資格を日本国籍を有する者に制限することも、外資による会社の乗っ取りを防止する必要性があるなど、具体的事情に応じて不合理でない限り許される。

2：実例—トヨタ自動車工業株式会社

　実際、トヨタ自動車工業株式会社（現在のトヨタ自動車株式会社）が、外資による敵対的買収を防止する目的で、「取締役および監査役は日本国籍を有する者に限る。」という定款規定を設けていたことがある。

　これに対し、同社の株主が、上記定款規定を設けるための定款変更に関する総会決議無効確認の訴えを提起したが、名古屋地裁は、当該総会決議の内容は、私的自治の原則ないしは株式会社自治の原則の範囲内に属する事柄で、公序良俗に反するものでもなく、外国人株主の株主権を侵害するものでもない、また、取締役への被選任権は株主固有の権利ではないとして、定款規定の有効性を認めた（名古屋地裁昭和46年4月30日判決）。

　このように裁判例においても、定款で取締役の資格を日本国籍を有する者に制限することは認められている。

3：取締役を日本国籍を有する者に制限することの影響

　上記のトヨタ自動車工業株式会社の定款の例および裁判例は、今から30年以上前のものである。会社法上、定款で取締役の資格を日本国籍を有する者に制限することが認められるとしても、海外からの投資が活発化している現代において、このような定款規定を設けると、投資家に対し、閉鎖的な会社であるとの印象を与えることは否定できない。

　外資による敵対的買収から企業を防衛する積極的効果よりも、投資家から公開会社として不適切であるとの評価を下され、例えば株価が下落するような消極的効果が生じるおそれもある。

　よって、このような定款規定を設けるかどうかについては、慎重に検討する必要がある。

第3節　取締役の解任決議の要件の厳格化

現　行	変更後
〔新設〕	（解任方法） 第〇条　取締役の解任決議は、議決権を行使することができる株主の議決権の過半数を有する株主が出席し、その議決権の3分の2以上をもって行う。

1：会社法における取締役の解任決議の要件

　旧商法では、取締役の解任決議は株主総会の特別決議、すなわち、総株主の議決権の過半数（または総株主の議決権の3分の1以上で定款に定める議決権数）を有する株主が出席し、その議決権の3分の2以上にあたる多数をもって行うものとされていた（旧商257②、343①、②）。

　このように、旧商法の下では特に定款に定めがなくても、取締役を解任するには株主総会の特別決議が必要とされていたから、定款に取締役の解任に関する規定を持たない会社も少なくない。

　ところが、会社法では、取締役の解任決議は原則として普通決議、すなわち、議決権を行使することができる株主の議決権の過半数を有する株主が出席し、出席した当該株主の議決権の過半数をもって行うものとされている（会341）。

　ただし、定款で取締役の解任決議の要件を加重することは認められている（会341（　）書き）。

2：取締役の解任決議の要件の厳格化の必要性

　上記のように会社法の下では、定款に特に定めのない限り、株主総会の普通決議で取締役を解任できるため、敵対的買収者側が議決権の過半数を確保すると、従来の取締役は全員解任されてしまう危険性がある。

　そのため、買収防衛策を検討するに当たっては、防衛側の取締役が容易に解

任されないように、取締役の解任決議の要件を加重しておく必要がある。

3：株主総会招集通知における定款変更の理由の記載方法

　整備法は、旧株式会社の定款を新株式会社の定款とみなしているため（整備法66②）、会社法の施行に備えて、平成17年6月の株主総会で取締役の解任決議が特別決議である旨を新設した会社もある。

　資料版／商事法務257号8頁によれば、平成17年6月の株主総会で取締役の解任決議が特別決議である旨を新設する定款変更を行ったのは、分析対象449社のうち11社であった。

　株主総会招集通知における定款変更の理由としては、たとえば次のように記載している。

① 　中長期的な視野に基づく経営の安定性を確保するため、会社法施行後も解任決議要件を特別決議とするものであるが、敵対的買収に対する防衛策としての側面も有している旨を記載した例（セントラル硝子）

> (3)　平成17年3月22日に国会に提出されました会社法案（第162回国会内閣提出法案第81号）においては、取締役の解任議案の決議要件は普通決議又は定款の定めに従うとされております。これに伴い、中長期的な視野に基づく経営の安定性を確保するため、上記法案に基づく会社法施行後も、上記解任議案については現行どおり株主総会の特別決議による旨を第20条に新設するものであります。
>
> 　　　　　　　　　　（　中　略　）
>
> 　なお、上記(1)から(3)に関する定款変更は、財務戦略の機動性や経営基盤の安定性を確保するために実施するものですが、敵対的買収に対する防衛策としての側面も有しております。
>
> 　現時点で買収者が現れた場合を想定する具体的な事象はございませんが、今後も、具体的な敵対的買収防衛策の導入につきましては、株主及び会社の利益に資することを第一義として、その導入の必要性も含め検討していきたいと考えております。

> 　今後、防衛策として株主及び投資家に影響を与えるような施策を決定した場合は、速やかに公表いたします。

(出所) 資料版「商事法務」257号19頁

② 長期的な視野に基づく経営の安定性を確保するため、会社法施行後も現行商法の要件とするものであり、敵対的買収防衛策を目的としたものではない旨を記載したA社の例

> (3) 平成18年4月1日施行を視野に入れて審議中の会社法案（第162回国会内閣提出法案第81号）において、取締役解任議案の定足数および決議要件が普通決議または定款の定めに従うとされていることに伴い、長期的な視野に基づく経営の安定性を確保するため、上記法案に基づく会社法施行後も、取締役については現行商法に定める解任に関する定足数および決議要件といたしたく、取締役の解任の規定を新設するものであります。
> (4) （中略）、(3)に関する定款変更は、今後予定される商法改正に対応するため現行法律の規定を確認するためのものであり、敵対的買収防衛策を目的としたものではありません。

(出所) 資料版「商事法務」257号51頁

　平成17年6月の株主総会では、定款変更の理由として、「中長期的な視野に基づく経営の安定性を確保するため」や「会社法施行後も現行通りの定足数および決議要件とするため」とする例が多く、上記の例のように、敵対的買収防衛の観点からの説明を加える会社は少数であった（11社中3社）。

　会社法施行後に、取締役の解任決議の要件を厳格化する旨の定款変更をする場合にも、「中長期的な視野に基づく経営の安定性を確保するため」という理由を前面に出すことが多くなると考えられるが、会社法で定める決議要件を積極的に加重する以上、会社法施行後は、敵対的買収防衛の観点からの説明を付加することが不可欠であると考えられる。

第4節　取締役の期差選任制－補欠選任条項の削除

現　行	変更後
（任期） 第○条　取締役の任期は、就任後2年以内の最終の決算期に関する定時株主総会終結の時までとする。 ②　増員または補欠として選任された取締役の任期は、在任取締役の任期の満了すべき時までとする。	（任期） 第○条　〔現行通り〕 ②　〔削除〕

1：企業防衛策としての取締役の期差選任制

　米国のデラウェア州等では、取締役の任期を3年としたうえで、取締役を三つのグループに分け、毎年一つのグループの取締役しか改選できないことにすることが可能である。これを取締役の期差選任制（スタッガード・ボード）という。

　取締役の期差選任制を採用しておくと、仮に敵対的買収者が発行済株式総数の過半数を取得したとしても、1度の定時株主総会において送り込める敵対的買収者側の取締役の員数は、任期満了により退任する取締役の員数（全体の3分の1）にとどまる。

　つまり、敵対的買収者が取締役会の支配権を獲得するためには、次年度の取締役の改選まで待ち、さらに全体の3分の1の敵対的買収者側の取締役を送り込む必要がある。

　もっとも、取締役の期差選任制を導入したとしても、敵対的買収者が発行済株式総数の過半数の株式を保有している限り、いずれは取締役会の支配権、すなわち会社の支配権を奪われてしまう。

　しかし、敵対的買収者が会社の支配権を獲得する時期を遅延させることができるので、この間にホワイト・ナイトを探すなどの「時間稼ぎ」はできる。また、敵対的買収者に対しては、会社の支配権を獲得するまでに時間とコストが

かかることを事前に警告するという意味があり、敵対的買収のターゲットにされるリスクが減少する効果もある。

2：会社法の下での取締役の期差選任制

　会社法においては、公開会社の取締役の任期は最長でも2年である（会332①）。したがって、米国と全く同じ取締役の期差選任制を採用することはできない。

　しかし、取締役の員数を半数に分けて毎年半数ずつ改選していくことにより、米国での期差選任制と類似の効果は期待できる。すなわち、敵対的買収者が発行済株式総数の過半数の株式を確保したとしても、1回の定時株主総会で送り込める取締役は半数にとどまり、過半数は確保できないので、会社の支配権を獲得するにはやはり2回の定時株主総会を経る必要があるからである。

　なお、取締役の期差選任制を導入する前提として、取締役の定員枠（上限）を決め、定員枠全部の取締役を選任しておく必要がある。なぜなら、取締役の定員枠がないか、定員枠があっても欠員があると、1回の定時株主総会において過半数の取締役を選任することが可能となり、企業防衛策として取締役の期差選任制を導入した意味がなくなるからである。

3：補欠選任条項の削除の必要性

　取締役全員の改選時期が一致している会社が取締役の期差選任制を新規に導入するためには、改選期の翌年に半数の取締役がいったん辞任し、同数の取締役をあらためて選任する必要がある。

　ところで、補欠選任された取締役の任期は、在任取締役の任期の満了すべき時までとする補欠選任条項を定款で定めている会社がある。

　このような補欠選任条項があると、取締役の半数がいったん辞任して、あらためて選任しても、在任取締役の任期満了とともに補欠選任された取締役の任期も終了してしまうから、期差選任が不可能になる。

　そのため、取締役の期差選任制を導入するには、定款を変更し、補欠選任条

項を削除する必要がある。

4：株主総会招集通知における定款変更の理由の記載方法

　資料版／商事法務257号10頁〜11頁によれば、平成17年6月の株主総会で取締役の期差選任制に関する定款変更を行ったと理解できるのは、分析対象449社のうち25社であり、うち22社が増員および補欠選任について規定を削除し、残る3社は増員についてのみ規定の削除を行っている。

　株主総会招集通知における定款変更の理由としては、例えば次のように記載している。

・経営体制を一層充実させるため、取締役の選任を弾力的に行えるよう、任期調整の規定を削除すると記載した例（ロックペイント）

> また、第19条につきましては、今後の経営体制を一層充実させるため、取締役の選任を弾力的に行えるよう、任期の調整に関する規定を削除するものであります。

（資料版『商事法務』257号24頁）

　その他、企業防衛の観点から、取締役の期差選任への道を開くためであることを明示した例などもみられたが、多くは、「経営体制の充実（維持、強化）」や「経営責任の明確化」、「取締役の能力を存分に発揮させるため」などを理由として挙げているようである。

5：企業価値研究会の見解及び東京証券取引所の対応

　企業価値研究会（座長：東京大学大学院法学政治学研究科　神田秀樹教授）がまとめた「企業価値報告書」では、買収防衛策の合理性を高め、市場からの支持を得るための工夫の一つとして、買収防衛策を導入する場合には期差選任制を導入しないで、1年ごとの株主総会で株主に直接是非を問う機会を設けることが不可欠である、とされている（『企業価値報告書』87頁）。

　また、東京証券取引所では、買収防衛策の導入に係る上場制度の整備を行い、上場会社が買収防衛策を導入するに当たっては、①開示の十分性、②透明性、③流通市場への影響、④株主権の尊重の四つの尊重義務を課している。そのうえで、尊重義務遵守の観点で同取引所が判断に一定の時間を要すると考えている主な買収防衛策の一つの例として、ライツ・プランのうち、1回の定時株主総会で取締役会の過半数を支配することを困難にする方策を採っているものを挙げている。

　したがって、買収防衛策としてライツ・プランを導入している会社が、さらに取締役の期差選任制を導入ことについては、慎重に検討する必要がある。

第5節　取締役の責任軽減（社外取締役の導入）

現　行	変更後
〔新設〕	（取締役の責任免除） 第○条　当会社は、取締役会の決議によって、取締役（取締役であった者を含む）の会社法第423条第1項の賠償責任について法令に定める要件に該当する場合には、賠償責任額から法令に定める最低責任限度額を控除して得た額を限度として免除することができる。 ②　当会社は、社外取締役との間

企業防衛のための機関に関する定款変更例

	で、会社法第423条第1項の賠償責任について法令に定める要件に該当する場合には、賠償責任を限定する契約を締結することができる。ただし、当該契約に基づく賠償責任の限度額は金○○万円以上で、あらかじめ定めた額と法令の規定する最低責任限度額とのいずれか高い額とする。

1：取締役の責任軽減の必要性

　取締役、会計参与、監査役、執行役または会計監査人（以下、「役員等」という）は、その任務を怠ったときは、株式会社に対し、これによって生じた損害を賠償する責任を負う（会423①）。この責任は、総株主の同意がなければ免除することができないのが原則である（会424）。

　ところで、買収防衛策を導入し取締役がこれを発動する場合、敵対的買収者側からみれば、企業買収の目的の達成を妨害されたことになる。のみならず、敵対的買収者から会社にとって有利な提案があったにもかかわらず、これを拒否して買収防衛策を発動し、会社に損害を与えたと非難されることもあり得る。

　そのため買収防衛策を発動する取締役は、敵対的買収者をはじめとする株主等から訴訟を提起される危険にさらされてしまう。

　取締役が敵対的買収者等から訴訟を提起され、莫大な損害賠償義務を負担せざるを得ないとすれば、取締役としては、買収防衛策の導入や発動を差し控えざるを得ない。

　そのため、取締役が買収防衛策を導入し、これを適切に発動できるようにすべく、あらかじめ取締役の責任を軽減しておく必要がある。

2：取締役の責任軽減のための定款変更

　取締役をはじめとする会社の役員の責任軽減の制度は、平成14年5月の商法改正において導入されており、すでにこれに関する定款規定を有している会社も少なくない。

　会社法においても旧商法と同趣旨の規定が設けられており、従来取締役の責任軽減に関する定款規定を設けていなかった会社においては、規定を新設することが考えられる。

　取締役の責任軽減のための定款変更の内容は次のとおりである。

　監査役設置会社（取締役が2人以上ある場合に限る）または委員会設置会社は、役員等の株式会社に対する責任について、当該役員等が職務を行うにつき善意でかつ重大な過失がない場合において、責任の原因となった事実の内容、当該役員等の職務の執行の状況その他の事情を勘案して特に必要と認めるときは、会社法第425条第1項の規定により免除することができる額を限度として取締役（当該責任を負う取締役を除く）の過半数の同意（取締役会設置会社にあっては、取締役会の決議）によって免除することができる旨を定款で定めることができる（会426①）。

　会社法第425条第1項の規定により免除することができる額とは、賠償の責任を負う額から次の①および②の合計額（「最低責任限度額」という）を控除した額である。

① 　当該役員等がその在職中に株式会社から職務執行の対価として受け、または受けるべき財産上の利益の1年間当たりの額に相当する額として法務省令で定める方法により算定される額に、次のイからハまでに掲げる役員等の区分に応じ、当該イからハまでに定める数を乗じて得た額

　　イ　代表取締役または代表執行役　6

　　ロ　代表取締役以外の取締役（社外取締役を除く）または代表執行役以外の執行役　4

　　ハ　社外取締役、会計参与、監査役または会計監査人　2

② 　当該役員等が当該株式会社の新株予約権を引き受けた場合（会社法第238

条第3項に掲げる場合に限る）における当該新株予約権に関する財産上の利益に相当する額として法務省令で定める方法により算定される額

つまり、定款で定めれば取締役会の決議等により、代表取締役等はおおむね報酬の6年分、代表取締役以外の取締役等はおおむね報酬の4年分、社外取締役等はおおむね報酬の2年分に、損害賠償責任を限定することができる。

3：社外取締役の導入―責任限定契約

買収防衛策の導入、あるいは発動について、社外取締役の意見を取り入れればその妥当性について、対外的にアピールすることが可能となると思われる。

しかし、社外取締役として適任の者がいない場合のほか、社外取締役としての責任の重さから適任者が就任を拒否することも考えられる。

前述のように定款規定による責任軽減の制度もあるが、あくまでも定款規定に基づく取締役会の決議等によるものである。必ず責任が免除される保証はないため、社外取締役の不安を払拭する決め手とはならない。

そのため、会社法では、定款で定めることにより、社外取締役等の責任を限定する契約を締結することができることとし（会427①）、社外取締役等への就任の障害を減らしている。

この社外取締役等の責任限定契約の制度は、旧商法でも導入されており、すでにこれに関する定款規定を有している会社も少なくないが、これまで社外取締役がおらず、責任限定契約に関する定款規定を設けていなかった会社においては、規定を新設することが考えられる。

社外取締役等の責任限定契約のための定款変更の内容は次のとおりである。

すなわち、株式会社は、社外取締役、会計参与、社外監査役または会計監査人（「社外取締役等」という）の株式会社に対する損害賠償責任について、当該社外取締役等が職務を行うにつき善意でかつ重大な過失がないときは、定款で定めた額の範囲内であらかじめ株式会社が定めた額と最低責任限度額とのいずれか高い額を限度とする旨の契約を、社外取締役等と締結することができる旨を定款で定めることができる（会427①）。

4：定款に基づく取締役の責任軽減のための手続

　定款を変更して取締役の責任軽減や責任限定契約に関する定款の定めを設ける議案を株主総会に提出する場合には、監査役設置会社の場合は監査役（監査役が2人以上ある場合にあっては、各監査役）、委員会設置会社の場合は各監査委員の同意を得なければならない（会426②および427③による425③の準用）。

　また、取締役の責任軽減に関する定款の定めに基づく責任の免除についての取締役の同意を得る場合および当該責任の免除に関する議案を取締役会に提出する場合も、同様に監査役等の同意を得なければならない（会426②による425③の準用）。

　さらに、上記のような定款の定めに基づいて役員等の責任を免除する旨の同意（取締役会設置会社にあっては、取締役会の決議）を行ったときは、取締役は、遅滞なく次の①〜④を公告し、または株主に通知しなければならない（会426③）。

①　責任の原因となった事実および賠償の責任を負う額
②　免除することができる額の限度およびその算定根拠
③　責任を免除すべき理由および免除額
④　責任を免除することに異議がある場合には一定の期間内（1か月以上）に当該異議を述べるべき旨

第6節　退職慰労金条項

現　行	変更後
〔新設〕	（退職慰労金） 第○条　当会社の支配権に変動があった場合において、買収後1年以内に非自発的に取締役の任用契約が終了したときは、当該取締役の退職慰労金として、任用契約終了前1年間の総報酬額に3を乗じた金額を支払う。

企業防衛のための機関に関する定款変更例

1：退職慰労金条項を定款で定める必要性

　敵対的買収が成功した場合、従来の取締役は解任され、買収者側の取締役が多数選任されることが通常である。そのため、従来の取締役に対し、割増退職慰労金を支給する規定を設けることにより、買収に要する費用を増大させ、敵対的買収を予防する方法が考えられる。いわゆるゴールデン・パラシュートである。

　日本では、取締役の退職慰労金は報酬等に該当すると理解されており、定款でその額が定められていない場合には、株主総会で決議しなければならない（会361①）。

　しかし、取締役の退職慰労金を支給するために株主総会決議が必要だとすると、敵対的買収者側が過半数の議決権を確保した場合には、従来の取締役には最低限の退職慰労金すら支給されないことになる。つまり、ゴールデン・パラシュートを導入しても、買収防衛策として全く意味がなくなる。

　また、防衛側が過半数の議決権を確保しているのであれば、そもそも敵対的買収者側の取締役が送り込まれることも、防衛側の取締役が解任されることも防止できるから、ゴールデン・パラシュートを適用する必要がない。

　つまり、株主総会決議を必要とするタイプのゴールデン・パラシュートは、買収防衛策として導入する意味がない。

　そのため、買収防衛策としてゴールデン・パラシュートを導入するのであれば、あらかじめ定款で定めておく必要がある。

2：退職慰労金の額

　退職慰労金条項が買収防衛策として機能するには、敵対的買収者が買収を躊躇せざるを得ないほど多額の退職慰労金を支給することにしておく必要がある。

　しかし、退職慰労金の額があまりにも巨額な場合は、買収者その他の株主から公序良俗に反するものであるとして訴訟を提起され、定款規定自体が無効とされることも考えられる。そのため、退職慰労金の額は合理的な範囲にとどめ

た方が無難である。

　それでは、合理的な範囲とはいくらか。一般論としては、敵対的買収が行われず、任期満了まで取締役の職務を遂行した場合に想定される退職慰労金の額とその間の報酬額を基準として算定されるべきであろう。

　米国の機関投資家の中には、退職慰労金の額が給与の2～3年分であり、株主総会の承認を受けた場合には賛成すると表明しているところもあるようであり（企業価値研究会『企業価値報告書』56頁）、具体的な金額を考えるに当たり参考となる。上記の定款変更例も報酬の3年分としている。

3：退職慰労金条項の位置付け

　上記のように、合理的な範囲の退職慰労金を支給する旨の定款変更をしても、敵対的買収者に対する抑止効果は低く、買収防衛策としてのいわゆるゴールデン・パラシュートとはいえないかもしれない。

　しかし、取締役の立場に立ってみると、敵対的買収の提案があった場合、その提案が合理的なものであったとしても、自らの職を失うリスクがあるために適正な判断ができず、やみくもに提案を拒否することが考えられる。

　その場合、定款で退職慰労金条項を定めておけば、仮に敵対的買収の提案を受け入れ、自らの職を失ったとしても、一定の退職慰労金の支給が確保されているから、取締役に対し、その提案に対する適正な判断を促すことができる。

　その意味で、退職慰労金条項を定款で定めておく意義はある。

第7節　委員会設置会社への移行

現　行	変更後
〔新設〕	（委員会の設置） 第○条　当会社は、指名委員会、監査委員会及び報酬委員会を置く。

企業防衛のための機関に関する定款変更例

1：委員会を設置する旨の定款の定め

　会社法においては、株式会社は定款の定めによって、委員会を置くことができる（会326②）。そして、会社法では、指名委員会、監査委員会および報酬委員会を置く株式会社を委員会設置会社と定義している（会2十二）。

　したがって、委員会設置会社に移行するには、指名委員会、監査委員会および報酬委員会を置く旨の定款規定を新設すれば、必要かつ十分である。

2：買収防衛策との関係

　委員会設置会社へ移行することは、買収防衛策そのものではない。

　しかし、とりわけ監査委員会の機能を強化し、例えば、監査委員会の委員全員を社外取締役にし、買収防衛策の発動を検討させることにして、現経営陣の保身のために買収防衛策を発動するのではないことをアピールするなど、買収防衛策発動に妥当性を与えることが可能になるという意味で、買収防衛策の一環となり得る。

第4章

企業防衛のための組織再編に関する定款変更例

第1節　組織再編行為(合併、事業譲渡等)の決議要件の厳格化

現　行	変更後
(決議の方法) 第○条　株主総会の決議は、法令または本定款に別段の定める場合を除き、出席した株主の議決権の過半数で行う。 ②　商法第343条に定める特別決議は、総株主の議決権の３分の１以上を有する株主が出席し、その議決権の３分の２以上で行う。 〔新設〕	(決議の方法) 第○条　株主総会の決議は、法令または本定款に別段の定める場合を除き、出席した**議決権を行使することができる株主**の議決権の過半数をもって行う。 ②　**会社法第309条第２項**の定めによる決議は、定款に別段の定めがある場合を除き、議決権を行使することができる株主の議決権の３分の１以上を有する株主が出席し、その議決権の３分の２以上を**もって行う**。 ③　当会社の事業譲渡、合併、会社分割、株式交換または株式移転にかかわる契約または計画を承認する決議は、前項の規定にかかわらず、議決権を行使することができる株主の議決権の３分の２以上を有する株主が出席

〔新設〕	し、その議決権の5分の4以上をもって行う。 ④ 当会社の定款を変更する決議は、第2項の規定にかかわらず、議決権を行使することができる株主の議決権の過半数を有する株主が出席し、その議決権の4分の3以上をもって行う。

1：買収防衛策としての組織再編行為の決議要件の厳格化

　敵対的買収者が、いわゆる二段階買収を企図している場合がある。二段階買収とは、第一段階として、市場買付やTOB等により過半数あるいは3分の2まで対象会社の株式を取得したうえで、第二段階として、関係会社との合併や株式交換等により残余の株式を無償同然の対価で取得する行為をいう。また、敵対的買収者が、買収後に事業譲渡その他の組織再編行為を行って事業の選択と集中を進めることを計画している場合もある。

　そこで、敵対的買収者が買収後に組織再編行為を行うことを困難にし、買収の意欲を失わせるようにするために、組織再編行為の決議要件を加重することが考えられる。

　会社法の下で上記のような組織再編行為をするには、いずれも株主総会の特別決議が必要であるが、それは原則として、①当該株主総会において議決権を行使することができる株主の議決権の過半数を有する株主が出席し、②出席した当該株主の議決権の3分の2以上の多数をもって行う決議である（会309②十一、十二）。

　しかし、①定足数については、3分の1以上の割合を定款で定めた場合にあっては、その割合以上とされ、②決議要件については、3分の2を上回る割合を定款で定めた場合にあっては、その割合とされており（会309②柱書）、定款で要件をさらに加重することができる。

上記定款変更例の第3項では、事業譲渡、合併、会社分割、株式交換または株式移転にかかわる契約または計画を承認する決議は、議決権を行使することができる株主の議決権の3分の2以上を有する株主が出席し、その議決権の5分の4以上をもって行うとしているが、この定足数および決議要件はあくまでも一つの例であり、さらに加重することも可能である。

2：定款変更の決議要件の厳格化の必要性

　定款は、原則として①当該株主総会において議決権を行使することができる株主の議決権の過半数を有する株主が出席し、②出席した当該株主の議決権の3分の2以上の多数による決議によって変更可能である（会309②十一）。

　定款の規定により、組織再編行為の決議要件を加重しても、敵対的買収者によってその定款規定自体を変更されたのでは、決議要件を加重した意味がない。そのため、定款により、定款変更の決議要件も加重しておく必要がある。

　上記定款変更例の第4項では、当会社の定款を変更する決議は、議決権を行使することができる株主の議決権の過半数を有する株主が出席し、その議決権の4分の3以上をもって行うとしているが、この定足数および決議要件はあくまでも一つの例であり、さらに加重することも可能である。

3：決議要件の厳格化の弊害と対応策

　上記のように、組織再編行為の決議要件や定款変更の決議要件を加重しておくことにより、敵対的買収者が買収後に組織再編行為を行うことを困難にすることができるため、買収防衛策として有効に機能する。

　しかし、単純に決議要件を加重することは、会社が通常の組織再編行為を行うことや、敵対的買収を仕掛けられたときに防衛策をとることも困難にしてしまう。

　そのため、単純に決議要件を加重するのではなく、買収防衛策としてのみ機能するような工夫が必要となる。

　例えば、米国での例をもとに、次のような条項を設けることが考えられる。

① 特別決議条項

　一定割合以上の株式を有する者やその関係者である利害関係株主との合併や事業譲渡等についてのみ、株主総会での決議要件を加重する条項。

　株主総会の承認に95％の賛成多数を必要とする例や、支配株主の持株比率に連動して決議要件を段階的に引き上げる例、等がある。

② 公正価格条項

　敵対的買収者が支配権取得後に、第二段階で対象会社と合併等を行う場合、利害関係株主に対し、少数株主から公正価格（例えば公開買付価格）で株式を買い取る義務を課す条項。

　利害関係株主との組織再編に関する特別決議条項とセットで用いられる。少数株主に対し公正価格が支払われる場合には特別決議条項が解除され、通常の株主総会決議により組織再編が承認される。

③ 事業結合制限条項

　敵対的買収者が、対象会社との合併、解散、資産の処分等の取引行為を行うことを、一定期間（3年から5年が多い）制限する条項。

　事前に取締役会が承認している場合には適用が除外される。

第2節　簡易組織再編の要件の厳格化

現　行	変更後
〔新設〕	（簡易組織再編） 第○条　会社法第784条第3項、第796条第3項及び第805条の定めによる割合は、20分の1とする。

(1：会社法における簡易組織再編の要件)

　会社法は、従来の商法と比較して、簡易組織再編行為の要件を緩和した。

　すなわち、吸収合併存続会社、吸収分割承継会社および株式交換完全親会社の場合は、次の①から③の額の合計額が、存続会社、承継会社、完全親会社と

なる会社（総称して「存続株式会社等」という）の純資産額として法務省令で定める方法により算定される額に対する割合が、5分の1を超えない場合は、株主総会の決議は不要である（会796③本文）。

① 吸収合併消滅会社もしくは株式交換完全子会社の株主、吸収合併消滅持分会社の社員または吸収分割会社（総称して「消滅会社等の株主等」という）に対して交付する存続株式会社等の株式の数に1株当たり純資産額を乗じて得た額
② 消滅会社等の株主等に対して交付する存続株式会社等の社債、新株予約権または新株予約権付社債の帳簿価額の合計額
③ 消滅会社等の株主等に対して交付する存続株式会社等の株式等以外の財産の帳簿価額の合計額

また、吸収分割および新設分割の分割会社の場合には、吸収分割または新設分割により吸収分割承継会社または新設分割新設会社に承継させる資産の帳簿価額の合計額が吸収分割株式会社または新設分割新設会社の総資産額として法務省令で定める方法により算定される額の5分の1を超えない場合には、株主総会の決議は不要である（会784③、805））。

2：買収防衛策としての簡易組織再編の要件の厳格化

このように、会社法では簡易組織再編の要件が緩和され、組織再編を行いやすくなった。しかし、買収防衛という観点からみると、敵対的買収者も支配権取得後に容易に組織再編を行うことができるということでもある。

ところで、上記の簡易組織再編の要件の5分の1という割合は、定款でこれを下回る割合を定めることができる（会784③柱書、796③柱書、805）。つまり、簡易組織再編の要件を厳格化することができる。

定款により簡易組織再編の要件を厳格化しておくことにより、支配権取得後に組織再編行為を行うことを予定している敵対的買収者に対し、抑止効果を与えることが可能となる。

なお、上記定款変更例の20分の1という割合は一つの例に過ぎず、5分の1

を下回っていればどのような割合でもよい。ただし、あまりにも低い割合にすると、通常の組織再編行為すら困難になる点に注意が必要である。

第5章
企業防衛のためのその他の定款変更例

第1節　敵対的買収防衛策の導入
1：経済産業省・法務省による「買収防衛策に関する指針」

　平成17年5月27日、経済産業省および法務省は、「買収防衛策に関する指針」を公表したことは前述のとおりである（第2部第2章第1節3：参照）。

　「買収防衛策に関する指針」によれば、買収防衛策は、企業価値、ひいては株主共同の利益を確保し、または向上させるものとなるよう、次の三つの原則に従うものとしなければならない、としている（「買収防衛策に関する指針」3頁）。

① 　企業価値・株主共同の利益の確保・向上の原則

　　買収防衛策の導入、発動および廃止は、企業価値、ひいては株主共同の利益を確保し、または向上させる目的をもって行うべきである。

② 　事前開示・株主意思の原則

　　買収防衛策は、その導入に際して、目的、内容等が具体的に開示され、かつ、株主の合理的な意思に依拠すべきである。

③ 　必要性・相当性確保の原則

　　買収防衛策は、買収を防止するために、必要かつ相当なものとすべきである。

　その上で、買収防衛策の具体例として、取締役会の決議で導入する防衛策については、次のように定めている。

① 　適法性を高めるために、以下のような工夫が必要となる。

・株主の意思により消却できる条項を設ける
　　・買収者以外の株主を合理的理由なく差別しない
　　・取締役会の裁量権の濫用を排除するための措置を採用する
　②　合理性を高め、市場の支持を得るために、取締役会の裁量権の濫用を排除する効果のある以下のような措置が必要となる。
　　・客観的な買収防衛策廃止条項を設定する
　　・独立社外者の判断を重視する

2：「買収防衛策に関する指針」の尊重

　「買収防衛策に関する指針」には、法的な拘束力はない。
　しかし、経済産業省および法務省が連名で公表した指針に従って導入した買収防衛策が、事後的に違法無効とされる危険性は極めて少ないと考えられる。そのため、買収防衛策の導入に当たっては、「買収防衛策に関する指針」を尊重すべきである。
　なお、「買収防衛策に関する指針」は、適法性や合理性を高め、市場の支持を得るための措置が必要であるとしているものの、必ずしも定款で定めることまでは要求していない。
　しかし、これらの措置を定款で定めることにすれば、多数の株主の承認のもとに採られた措置であることが明確となり、その合理性がより高まるといえる。

3：敵対的買収防衛策導入時の原則を定める定款変更

　以下の定款変更例は、イー・アクセス株式会社が平成17年6月の株主総会において提案し承認された定款規定を、会社法の規定にあわせて若干修正したものである（資料版／商事法務257号56頁参照）。

▼定款変更例

現　行	変更後
〔新設〕	（敵対的買収防衛策の導入） 第○条　当会社は、当会社に対する濫用的な買収等によって当会社の企業価値及び少数株主の利益が不当に害されることを未然に防止することを目的とする新株予約権の発行等の敵対的買収防衛策を講じたときは、その後初めて行われる株主総会の決議をもって承認を得なければならない。また、株主総会の承認を得た後3年以内の最終の事業年度に関する定時株主総会において、さらに同防衛策の存続について承認を得なければならず、その後も同様とする。 ②　前項の承認が得られなかったときは、取締役会は、前項の敵対的買収防衛策を解消するための措置を、速やかに講じなければならない。

　第1項において、敵対的買収防衛策が導入された後、初めて行われる株主総会の決議をもって承認を得なければならず、また、その後3年ごとに定時株主総会において敵対的買収防衛策の存続について承認を得なければならないとし、第2項において、株主総会の承認が得られなかったときは、取締役会に対し、敵対的買収防衛策を解消するための措置を速やかに講じることを義務付けている。

　これは、「株主の意思により消却できる条項を設ける」「取締役会の裁量権の

濫用を排除するための措置を採用する」「客観的な買収防衛策廃止条項を設定する」との「買収防衛策に関する指針」の要求を満たすものといえる。

▼定款変更例

現　行	変更後
〔新設〕	第○条 ③　当会社は、いつでも、取締役会が企業価値の最大化のために必要があると認めたときは、取締役会の決議をもって、第１項の敵対的買収防衛策を解消することができる。 ④　当会社に対する買収等の提案があった場合に、取締役会が第１項の敵対的買収防衛策を解消する必要があるか否かを判断するに当たっては、当該提案の具体的内容（買収等の目的、買収等の方法（構造的に強圧的な買収等ではないか、代替案を検討する十分な時間的余裕があるか、株主を誤信させる方法ではないか等）、買収等の対象（全株式かどうか）、対価の種類、対価の金額、当会社のステークホルダーの取扱い等）等を考慮するものとする。

　第３項で、取締役会決議をもっていつでも敵対的買収防衛策を解消することができるとしたうえで、第４項で、取締役会が敵対的買収防衛策を解消するか否かの判断基準を明確にしている。

これは、「取締役会の裁量権の濫用を排除するための措置を採用する」「客観的な買収防衛策廃止条項を設定する」との「買収防衛策に関する指針」の要求を満たすものといえる。

▼定款変更例

現　行	変更後
〔新設〕	第○条 ⑤　当会社に対する買収等の提案があった場合には、社外取締役全員で構成される企業価値向上検討委員会を組織し、同委員会が、第1項の敵対的買収防衛策を解消する必要があるか否かを、前項と同様の基準で判断するものとする。同委員会の決議は社外取締役の3分の1以上でありかつ3人以上の委員が出席する会議において、出席する委員の過半数の賛成により行う。同委員会が、第1項の防衛策を解消すべきとの決議を行った場合には、取締役会は、第1項の敵対的買収防衛策を解消するための措置を、速やかに講じなければならない。

　第5項では、社外取締役全員で構成される企業価値向上検討委員会を組織し、第4項の判断基準と同様の基準で敵対的買収防衛策を解消するか否かを判断するものとしている。そして、同委員会が敵対的買収防衛策を解消すべきとの決議を行った場合には、取締役会に対し、敵対的買収防衛策を解消するための措

置を速やかに講じることを義務付けている。

　これは、「取締役会の裁量権の濫用を排除するための措置を採用する」「客観的な買収防衛策廃止条項を設定する」「独立社外者の判断を重視する」との「買収防衛策に関する指針」の要求を満たすものといえる。

　このように上記定款変更例は、「買収防衛策に関する指針」が要求する措置をおおむね網羅している。

第2節　剰余金配当

現　行	変更後
（利益配当金） 第○条　利益配当金は、毎年3月31日の最終の株主名簿に記載または記録された株主または登録質権者に支払う。 〔新設〕	（剰余金の配当） 第○条　当会社は、取締役会の決議によって、会社法第459条第1項各号に掲げる事項を定めることができる。 ②　当会社は、会社法第459条第1項各号に掲げる事項を株主総会の決議によっては定めない。
（中間配当） 第○条　当会社は、取締役会の決議により、毎年9月30日の最終の株主名簿に記載または記録された株主または登録質権者に対し、中間配当を行うことができる。	第○条　〔削除〕

(1：会社法の下での剰余金配当制度)

　株式会社は、株主に対し、剰余金の配当をすることができるが（会453）、その都度、株主総会の決議によって、①配当財産の種類（当該株式会社の株式等を除く）および帳簿価額の総額、②株主に対する配当財産の割当てに関する事項、③当該剰余金の配当がその効力を生ずる日を定めなければならないのが原

則である（会454①）。

しかし、例外として、次の要件を充たす会社は、定款の定めを置くことにより、取締役会の決議によって、通常の配当を行うことができる（会459①②）。

① 会計監査人設置会社であること
② 監査役会設置会社であること
③ 取締役の任期の末日が選任後1年以内に終了する事業年度の最終のものに関する定時株主総会の終結の日後の日であるものでないこと（要するに、取締役の任期が1年であること）
④ 最終の事業年度にかかる計算書類が法令および定款に従い、株式会社の財産および損益の状況を正しく表示しているものとして会計計算規則第183条で定める要件に該当していること

また、上記の要件を満たし、取締役会決議で剰余金の配当ができる旨の定款の定めがある株式会社は、剰余金の配当に関する事項を株主総会の決議によっては定めない旨を定款で定めることができる（会460①、②）。

つまり、定款によって、剰余金配当に関する株主提案権を排除できる。

2：買収防衛策としての剰余金配当制度の利用

敵対的買収の標的になりやすいのは、①企業の実態価値よりも、株価が著しく低い状態が長期に続いている会社、②企業が持つ潜在能力が十分発揮できていないため、利益の額や時価総額が小さい会社であるといわれている。

上記の定款変更により、株主総会決議を経ることなく、取締役会決議で剰余金を配当できることにすれば、適宜増配することにより株価を上げ、時価総額を増大させることが可能となる。

株価が上がり、時価総額が増大すると、敵対的買収をするにもそのための資金が増大する。そのため、そもそも敵対的買収の標的になりにくい会社に変身することができる。

3：会社法第459条第1項の要件を満たさない会社の場合

　会社法459条第1項の要件を満たさない会社は、取締役会の決議によって、通常の配当を行うことができる旨の定款規定を置くことはできない。

　しかし、そのような会社でも、取締役会設置会社であれば、定款で定めることによって、1事業年度の途中において1回に限り取締役会の決議によって剰余金の配当（配当財産が金銭であるものに限る）をすることができる。つまり、中間配当をすることができる。

　1事業年度の途中において1回に限りという制約はあるが、株主還元策として中間配当を増額することにより株価を上げることは不可能ではない。

　この場合の定款変更例は次のとおりである。

現　行	変更後
（中間配当） 第○条　当会社は、取締役会の決議により、毎年9月30日の最終の株主名簿に記載または記録された株主または登録質権者に対し、中間配当を行うことができる。	（中間配当） 第○条　当会社は、取締役会の決議により、株主または登録株式質権者に対し、会社法第454条第5項に定める中間配当を行うことができる。

索引

【あ行】

安定株主比率　34
インターネット開示　92
委員会設置会社　136, 153, 249
委任状合戦　197
黄金株　194, 223, 227

【か行】

買受人の指定　123
会計監査人　113
　——の責任免除　116
会計参与　131
会社の目的　70
株券の発行　80
株式会社の運営　33
株式時価総額　145
株式取扱規程　88
株式の消却　76
株式の非公開化　157
株式の併合　76
株式の無償割当て　188

株式発行　165
株式分割　76, 82, 188
株主意思の原則　205
株主共同の利益　204
株主総会　29
　——の開催地　89
　——の決議　93
　——の招集　89, 129
株主総会運営　47
株主総会議事録　96
株主総会参考書類　93, 154
株主の発言の打ち切り　35
株主判断支援型　151
株主判断代替型　152
株主名簿管理人　86
簡易組織再編行為　184, 193, 254
監査役　106
　——の資格　135
　——の責任免除　112
　——の設置　134
監査役会　106
　——の議事録　111
　——の決議　110

監査役会規程　111	事業年度　117
企業価値　14	自己株式処分　165
企業価値報告書　199, 243	自己株式の取得　77, 127
企業防衛策　143	事前開示の原則　205
議決権行使書面　93	事前警告型　150, 198
議決権の代理行使　95	執行役　138
議決権比率の維持　156	支配株式条項　199
議決権比率の変更　156	シャーク・リペラント　215
期差選任制　196, 197, 240	社外監査役　154
基準日　88	社外取締役　154, 246
議事録　96	修正動議　32
議長　92, 137	授権資本枠　185, 217
期末配当金　135	手段的防衛策解除条件　149
逆買収　184	手段的防衛策発動条件　148
キャッシュ・フロー　14, 16	取得条項付株式　180
強圧的二段階買収　204	取得条項付種類株式　183
拒否権付株式　183, 194, 209, 227	取得条項付新株予約権　149, 169
公開会社　61	取得請求権付株式　180
公告の方法　72	取得請求権付種類株式　182
公正価格条項　199, 254	種類株式　77, 182, 221, 222
ゴーイング・プライベート　157	商号　68
ゴールデン・パラシュート　185	招集権者　91, 101, 137
	上場廃止　157
【さ行】	譲渡制限　120
	譲渡制限付種類株式　182, 222
差別的行使条件　169	剰余金の配当　117, 135, 162, 262
鮫よけ　215	書面決議制度　103
サンセット条項　207, 228	新株予約権　169, 221
事業結合制限条項　199, 254	信託　170, 178, 198
事業譲渡　193, 251	信託型ライツ・プラン　178

スティール・パートナーズ対ソトー　159
スティール・パートナーズ対ソトー・ユシロ化学　163
スローハンド条項　202
責任限定契約　247
責任免除　133
絶対的記載事項　58
説明義務　37, 44
全部取得条項付種類株式　183, 223
相続人に対する売渡請求　125
相対的記載事項　59
増配　162
組織再編行為　184, 193, 251

【た行】

退職慰労金　185, 247
代表取締役　100
単元未満株式　81
　——の買取請求　84
　——の売渡請求　83
チェンジ・オブ・コントロール条項　188
中小会社　48
デッドハンド型　209, 230
デッドハンド条項　202, 228
定款　57
定款自治　57, 210
定款変更　139, 194, 253

定款変更議案　43
ティンパラシュート　185
電子公告　73
動議　38
特殊決議　94
特別委員会　149
特別決議　94
特別決議条項　254
独立監査役　154
独立取締役　154
取締役　96
　——の解任決議　193, 237
　——の資格　130
　——の資格制限　235
　——の責任軽減　244
　——の責任免除　105
　——の定員制限　196, 232
取締役会　99
　——の議事録　103
　——の決議　102
　——の招集通知　101, 130
取締役会規程　104

【な行】

ニッポン放送新株予約権発行差止仮処分命令申立事件　170
日本技術開発株式分割差止仮処分命令申立事件　191
ニレコ新株予約権発行差止仮処分命令

申立事件　　175
任意的記載事項　　60
ノーハンド条項　　202

目的　　70

【や行】

役付取締役　　100
夢真対日本技術開発　　159
ユノカル基準　　200, 210

【は行】

買収者の情報提供ルール　　148
買収防衛策に関する指針　　203, 257
配当政策　　162
端株制度　　81, 83
パックマン・ディフェンス　　184
発行可能株式総数　　75, 217
非公開会社　　60, 76, 120
複数議決権株式　　183
普通決議　　94
防衛策導入目的　　147
報酬等　　104, 112, 115, 133, 138
防戦買い　　158
防戦的自社株買い　　161
補欠選任条項　　241
ホワイト・ナイト　　158, 240
本店　　71
　──の所在地　　71

【ら行】

レバレッジド・バイアウト　　157
レブロン基準　　210

LBO　　157
MBO　　157

【ま行】

マネジメント・バイアウト　　157
宮入バルブ新株発行差止仮処分命令申
立事件　　165
名義書換代理人　　86, 87

著者紹介

【編著】

鳥飼 重和（とりかい しげかず）

中央大学法学部卒業。税理士事務所勤務後、司法試験に合格。弁護士。日本税理士会連合会顧問、中小企業庁中小企業政策審議会企業制度部会委員。
専門分野：経営法務を中心とした会社法、税務訴訟を中心とした税法。
主な著書：『プロが教える 中小企業の新「会社法」対策 Q&A135問135答』（TKC出版・共著）
『非公開会社のための新会社法』（商事法務・共著）
『株主総会の議長・答弁役員に必要なノウハウ』（商事法務）
『平成18年株主総会徹底対策』（商事法務・共著）
『Q&A 政治献金と株主総会対応』（商事法務・共著）
『リーガルマインド養成講座』（商事法務）
『コーポレートガバナンスの商法改正—株式代表訴訟の見直し』（商事法務）
『経営者に必要な会計知識』（商事法務）
『実践企業組織改革①合併・分割—法務・税務・会計のすべて』（監修 税務経理協会）
『税理士の業務・権限・責任—新税理士法の体系とその解釈』（監修 中央経済社）

【著者】

権田 修一（ごんだ しゅういち）

早稲田大学社会科学部卒。法律事務所勤務を経て、司法試験合格。弁護士。鳥飼総合法律事務所所属。
専門分野：債権回収、株主総会指導、M&A、会社再建などを専門分野とする。
主な著書：『債権回収基本のき』（商事法務）
『プロが教える 中小企業の新「会社法」対策 Q&A135問135答』（TKC出版・共著）
『Q&A わかりやすい改正会社更生法』（清文社・編著）

松本 賢人（まつもと まさと）

早稲田大学政治経済学部卒。司法試験合格後、司法研修所を経て、弁護士登録。鳥飼総合法律事務所所属。
専門分野：知的財産法、会社法、税法に関する案件を扱っている。
主な著書：『改正破産法の実務 Q&A』（中央経済社・共著）
『実践企業組織改革②株式交換移転・営業譲渡—法務・税務・会計のすべて』（税務経理協会・共著）
『株式制度・株主総会 改正商法の実務 Q&A—平成13年11月成立』（中央経済社・共著）
『プロが教える 中小企業の新「会社法」対策 Q&A135問135答』（TKC出版・共著）

福﨑 剛志（ふくざき たけし）

広島大学大学院社会科学研究科卒。司法試験合格後、司法研修所を経て、弁護士登録。鳥飼総合法律事務所所属。

専門分野：主に会社訴訟、コンプライアンスプログラムの策定、M&A、株主総会指導、企業再生、税務訴訟等の国内企業法務において活躍中。

主な著書：『Q&A わかりやすい改正会社更生法』（清文社・共著）
『改正破産法の実務 Q&A』（中央経済社・共著）
『プロが教える！ 中小企業の新「会社法」対策 Q&A135問135答』（TKC出版・共著）

青戸 理成（あおと まさなり）

早稲田大学法学部卒。大手法律事務所勤務を経て司法試験合格。弁護士。鳥飼総合法律事務所所属。

専門分野：企業法務を中心に、会社法に関する案件や債権回収、一般民事・刑事事件など幅広く取り扱っている。

主な著書：『税理士・会計士のための顧問先企業の会計・税務・法務指導ガイドブック』（清文社・共著）
『改正破産法の実務 Q&A』（中央経済社・共著）

新会社法適用 定款変更と企業防衛対策の実務

2006年5月1日　第1刷発行
2006年5月17日　第2刷発行

編　著	鳥飼重和Ⓒ
著　者	権田修一／松本賢人／福﨑剛志／青戸理成
発行者	小泉定裕
発行所	株式会社 清文社　URL：http://www.skattsei.co.jp/

東京都千代田区神田司町2の8の4　（吹田屋ビル）
〒101-0048　電話03(5289)9931　FAX03(5289)9917
大阪市北区天神橋2丁目北2の6（大和南森町ビル）
〒530-0041　電話06(6135)4050　FAX06(6135)4059
広島市中区銀山町2の4　（高東ビル）
〒730-0022　電話082(243)5233　FAX082(243)5293

亜細亜印刷株式会社

■本書の内容に関する御質問は、なるべくファクシミリ（03-5289-9887）でお願いします。
■著作権法により無断複写複製は禁止されています。落丁本・乱丁本はお取り替えいたします。

ISBN4-433-33966-0　C2034